管理学专著系列

天津市哲学社会科学规划研究项目成果

供给侧改革下天津市
中小制造企业转型升级路径研究

GONG JI CE GAI GE XIA TIAN JIN SHI
ZHONG XIAO ZHI ZAO QI YE ZHUAN XING SHENG JI LU JING YAN JIU

李耘涛 著

企业管理出版社
ENTERPRISE MANAGEMENT PUBLISHING HOUSE

图书在版编目（CIP）数据

供给侧改革下天津市中小制造企业转型升级路径研究 / 李耘涛著 . -- 北京 : 企业管理出版社 , 2022.3

ISBN 978-7-5164-2563-3

Ⅰ . ①供… Ⅱ . ①李… Ⅲ . ①制造工业—中小企业—企业升级—研究—天津 Ⅳ . ① F426.4

中国版本图书馆 CIP 数据核字（2022）第 032349 号

书　　名: 供给侧改革下天津市中小制造企业转型升级路径研究
书　　号: ISBN 978-7-5164-2563-3
作　　者: 李耘涛
策　　划: 寇俊玲
责任编辑: 寇俊玲
出版发行: 企业管理出版社
经　　销: 新华书店
地　　址: 北京市海淀区紫竹院南路 17 号　　**邮　　编:** 100048
网　　址: http://www.emph.cn　　**电子信箱:** 26814134@qq.com
电　　话: 编辑部（010）68701661　发行部（010）68701816
印　　刷: 北京虎彩文化传播有限公司
版　　次: 2022 年 3 月 第 1 版
印　　次: 2022 年 3 月 第 1 次印刷
开　　本: 700 毫米 ×1000 毫米　1/16
印　　张: 14.75 印张
字　　数: 225 千字
定　　价: 78.00 元

前言

PREFACE

2021年7月1日，在庆祝中国共产党成立100周年大会上，习近平总书记庄严宣告："经过全党全国各族人民持续奋斗，我们实现了第一个百年奋斗目标，在中华大地上全面建成了小康社会，历史性地解决了绝对贫困问题，正在意气风发向着全面建成社会主义现代化强国的第二个百年奋斗目标迈进。"在这一过程中，我国现阶段社会主要矛盾体现为人民日益增长的美好生活需要和不平衡不充分的发展之间的矛盾。我国现阶段正在进行的供给侧结构性改革（以下简称"供给侧改革"），旨在从生产端入手，调整供给结构，解决由于生产端跟不上需求端的发展导致的供需错位问题。其中，作为立国之本、强国之基的制造业，是否能在改革中顺利实现转型升级，对改革的整体推进具有至关重要的影响。而在我国制造业发展中，中小制造企业已成为一股不可或缺的力量，在促进经济增长方面扮演越来越重要的角色。中小制造企业如何探索转型升级之路，是摆在我们面前迫切需要研究的课题。就天津市来说，在市委2020年提出“制造业立市”，加快建设全国先进制造研发基地的背景下，研究供给侧改革下天津市中小制造企业转型升级路径更具有迫切性和现实性。

本书是系统研究供给侧改革下天津市中小制造企业转型升级路径的专著，也是本人主持的天津市哲学社会科学规划研究项目“供给侧改革下天津市中小制造企业转型升级路径研究”（编号：TJGL16－030）的研究成果。全书共分为九章，按照如下思路展开：

第一章为绪论，介绍整体研究背景、研究目的及价值、研究方法、研究框架。第二章对研究涉及的相关文献进行综述。第三章从具体做法、实施成效、面临问题等方面对天津市中小制造企业转型升级现状进行剖析。第四章提出天津市中小制造企业转型升级影响因素，并对几类典型行业中小制造企业转型升级制约因素进行比较分析。第五章至第八章都是对天津市中小制造企业转型升级路径的研究。其中第五章至第七章分别阐述了如何提升企业自主创新能力、如何科学地对企业高管人力资本定价、如何构建有助于激发与转型升级关系密切的员工积极性的企业文化等和中小制造企业转型升级关系密切的基础工作。第八章从产业价值链角度和市场宏微观主体衔接角度提出天津市中小制造企业转型升级衡量标准，而后从共性和差异性角度有针对性地提出天津市中小制造企业转型升级具体路径。第九章总结研究得出的主要结论，指出研究局限性，并对后续研究进行展望。

希望本书能为深入推进供给侧改革下天津市中小制造企业转型升级提供思路与建议，同时为国内其他地区中小制造企业转型升级提供借鉴与参考。

李耘涛

2021年10月

目录 COTENTS

第一章

绪论

第一节 研究背景

制造业是一个国家产业体系的重要组成部分，在国家参与国际竞争中扮演着重要角色，是立国之本、强国之基。制造业的发展在天津市有着悠久历史，作为我国的老牌工业基地，天津市的制造业在成长历程中拥有许多享誉国内外的知名企业产品品牌，如海鸥手表、飞鸽自行车、鸵鸟墨水、郁美净儿童霜、牡丹缝纫机、天士力复方丹参滴丸等。在我国现行工业分类标准下，天津市工业门类齐全，在41 个大类里拥有39 个；在更为细分的207 个中类里拥有 191 个。2020 年年底，中共天津市委在为《中共天津市委关于制定天津市国民经济和社会发展第十四个五年规划和二〇三五年远景目标的建议》举行的新闻发布会中，提出天津市将坚持“制造业立市”，加快建设全国先进制造研发基地。

目前，社会上热点产业领域是以服务业为代表的第三产业，尤其是零售服务业、金融服务业等，该领域涉及的人员众多，产生的经济效益庞大，并且对企业创业来说，与制造业相比，技术要求低、投资周期短、资金需求小、见效较快。即便如此，我国仍然很重视制造业。

究其原因，在于以服务业为代表的第三产业的顺利运行是以制造业为重要支撑的。其中像扫码支付、网购、直播带货等，其实是给商品的销售流通提供了新的交易渠道，但是就其交易的标的物来说，还是以制造业所生产出来的商品为主，而且其日常运营所需的大量基础设备都是由制造业提供的。如果只是网络经济发达，而以制造业为核心的实体经济羸弱，则很可能出现网上无货可买、频频断货、劣质商品充斥的局面，甚至会因为基础设备的通信速度跟不上网络快速交易的要求导致网络拥堵、故障频发，使网络经济的优势无法发挥。进一步而言，只发展虚拟经济，而实体经济停滞不前，往往会造成一系列比较严重的社会问题，如大批企业工人失业、金融泡沫增多、通货膨胀率增高、经济抗风险能力减弱等。放眼世界，目前世界上的发达国家都在强调制造业在本国产业体系中的重要性。美国近年来不断强调本国制造业回归，德国一直以来塑造的闻名世界的制造业声誉，还有日本在精密制造领域的不断发展，都可以看出发达国家对制造业的高度重视。

目前在我国制造业发展上存在的一个问题是：国际上一些发达国家自20世纪末就逐步把本国的淘汰产能向广大发展中国家转移，而我国作为世界上最大的发展中国家，制造业生产的产品很多处于国际产业链的低端，获得的利润非常微薄，大部分利润都流向了占据产业链高端的发达国家。在这种不利的局面下，过去我们生产的相当多的产品获得利润是靠较为低廉的劳动力成本，但是近年来，我国依靠这种数量型人口红利取得的劳动力成本优势正在下降。2021年5月11日，在国家统计局发布的《第七次全国人口普查公报》（以下简称《公报》）中，有一些数据已经反映出这种变化。《公报》显示我国不同年龄人口构成，0~14岁人口为25338万人，占17.95%；15~59岁人口为89438万人，占63.35%；60岁及以上人口为26402万人，占18.70%（其中，65岁及以上人口为19064万人，占13.50%）。与2010年相比，0~14岁、15~59岁、60岁及以上人口的比重分别上升1.35个百分点、下降6.79个百分点、上升5.44个百分点。依据国际通行准则，劳动年龄人口范围一般为15~64岁，但在衡量老龄化程度时，通常采用60岁作为年龄界限。因此从上述数据中可以明显看出，10年间我国老龄化人口数量急剧上升，而劳动年龄人口数量快速下降，制造业单纯依靠低廉的劳动力成本获利的情况将变得越来越困难。在这种局面下，我国的制造业要想突出重围，必须改变观念，通过转型升级提高产品的技术含量，提升在国际产业链中的地位，这样才能在日益激烈的竞争环境下取得竞争优势。

由上述分析可以知道，对我国制造业转型升级具有现实的紧迫性。通过转型升级，既能够实现我国实体经济的稳步发展，也可以增强我国制造业的国际竞争力。自从我国进入经济新常态以来，我国社会的主要矛盾已经转变为人民日益增长的美好生活需要和不平衡不充分的发展之间的矛盾。在这种形势下，2015年以来，我国正式提出要进行供给侧改革，其目的就是要从生产端入手，调整供给结构，解决由于生产端跟不上需求端的发展导致的供需错位问题。可以说，供给侧改革对我国制造业转型升级提出了迫切的要求，制造业转型升级的进展情况，对我国供给侧改革的成败，进而对推动形成以国内大循环为主体、国内国际双循环相互促进的新发展格局将产生至关重要的作用。

在构成制造业的各类规模企业中，中小企业占比极大。国家统计局数据显示，到2019年年底，全国共有36.4万户中小企业，较2018年减少4883户，但仍占全部规模以上工业企业户数的97.8%。

2011—2019年，虽然我国中小企业数量在各年间并非都呈现出逐年增长的趋势，但这9年时间，我国中小企业数量已从31万户增加到36.4万户，短短9年增长了17.42%。

国家统计局数据还显示，2019年，中小企业实现营业收入60万亿元，占规模以上企业营业收入的比重为56.7%，同比增长4.1%，增速同比回落4.4个百分点；比同期规模以上企业增速（3.8%）高0.3个百分点，比大型企业增速（3.5%）高0.6个百分点。

尽管在2017年我国中小企业实现营业收入还落后于规模以上企业和大型企业，但在2018年三者在实现营业收入方面就几乎持平，到了2019年我国中小企业实现营业收入更是在各个统计时段都超过了规模以上企业和大型企业。

由此可见，中小制造企业已经成为我国制造业发展中一股不可忽视的力量，无论是从其数量的总体增长趋势上，还是从其实现营业收入的规模和增速上看，其在促进经济增长方面都扮演着越来越重要的角色。对于天津市而言，根据天津市统计局发布的《2020年天津市国民经济和社会发展统计公报》，显示2020年全市工业中，大型企业增加值增长1.5%，占规模以上工业的比重为51.2%；中小微企业增加值增长1.8%，快于全市平均水平0.2个百分点，占比为48.8%，比上年提高8.4个百分点。从该组数据也可以看出，与全国发展趋势相类似，天津市中小制造企业在促进全市经济发展中的作用也日益加强。

因此，在实现天津制造业立市战略目标的过程中，如何抓住供给侧改革的有利时机，推动天津市中小制造企业转型升级，将对天津市制造企业转型升级的总体成功，产生至关重要的影响，这也是本书选择以供给侧改革下天津市中小制造企业转型升级路径作为研究方向的原因。

第二节　研究目的及价值

一、研究目的

本研究的目的是在全面分析天津市中小制造企业转型升级现状的基础上，科学识别天津市中小制造企业转型升级关键制约因素，进而提出有针对性的天津市中小制造企业转型升级路径，为深化供给侧改革，促进天津市中小制造企业更有效地转型升级提供帮助。

二、研究价值

本研究的学术价值在于丰富区域性中小制造企业转型升级理论成果，该成果既是对现有的中小制造企业转型升级理论成果的补充，也对其他区域中小制造企业转型升级理论成果的提出具有一定参考价值。本研究的实践价值在于为供给侧改革中天津市中小制造企业转型升级提供具体指导，有针对性地提出天津市中小制造企业转型升级的具体办法和实施建议，这对于配合天津市制造业立市战略的顺利实施，深化这些企业中的供给侧改革，化解过剩产能，转变企业发展方式，全面提高企业发展质量和效益，进而促进天津经济持续健康发展具有重要意义。同时，研究成果也能对全国其他类似区域中小制造企业转型升级提供一定的借鉴意义。

第三节　研究方法

在本书的研究中，将主要使用以下研究方法：

一、文献查阅法

文献查阅法主要用于全面查阅与供给侧改革下天津市中小制造企业转型

升级研究相关的文献，初步梳理现有研究的理论脉络，为进行供给侧改革下天津市中小制造企业转型升级研究提供理论基础。

二、典型企业访谈与问卷调查

典型企业访谈与问卷调查主要用于全面了解天津市中小制造企业转型升级现状，搜集用于提炼转型升级关键制约因素的数据。本研究将在全面考虑天津市中小制造企业转型升级涉及的各个环节的基础上设计访谈提纲和问卷问项，力求获得全面翔实的数据用于后文分析。

三、统计差异分析

统计差异分析主要用于对天津市不同行业的中小制造企业转型升级影响因素进行差异显著性检验，发现存在显著差异的因素，借此发现制约不同行业的中小制造企业转型升级的关键因素，进而保证后文提出的天津市中小制造企业转型升级衡量标准及对应路径的科学性。

四、对比研究分析

本研究中对比研究分析方法贯穿始终。研究在把握天津市不同行业中小制造企业转型升级现状的基础上，根据不同行业的具体状况，识别制约不同行业中小制造企业转型升级的关键因素，并分别提出有针对性的适合不同行业中小制造企业转型升级的路径，体现了基于对比思想进行分类研究的脉络。

第四节　研究框架

本研究的总体框架分为以下几部分：

一、理论基础研究

全面搜集研究领域国内外相关文献，在系统把握企业转型升级内涵的基础上，结合供给侧改革的实质分析，明确提出中小制造企业转型升级的内涵，进而阐述供给侧改革下天津市中小制造企业转型升级的总体思路，厘清其转型升级路径研究的框架结构，为后续研究奠定基础。

二、天津市中小制造企业转型升级现状分析

通过查阅资料、与天津市中小制造企业中各主要行业的典型企业里的相关人员访谈、问卷调查等方式，全面把握2014年天津市实施万企转型升级行动计划以来中小制造企业转型升级现状，包括转型升级的具体做法、实施成效和遇到的主要困难，为进一步提炼转型升级关键制约因素奠定基础。

三、天津市中小制造企业转型升级关键制约因素分析

从供给侧改革的大背景出发，结合现状分析中调研访谈得到的数据，在提炼天津市中小制造企业转型升级影响因素的基础上，对不同行业的企业在这些影响因素上的统计差异进行分析，发现制约不同行业的中小制造企业转型升级的关键因素，为具体提出天津市中小制造企业深化供给侧改革的转型升级路径奠定基础。

四、天津市中小制造企业转型升级路径分析

根据天津市中小制造企业转型升级关键制约因素，在介绍天津市中小制造企业转型升级的工作基础上，从纵向即产业价值链要素角度和横向即政府、行业、企业宏微观主体衔接角度全面提出天津市中小制造企业转型升级的衡量标准，而后针对不同行业的中小制造企业，提出有针对性的企业转型升级路径，并为每类企业转型升级路径的具体实施提出相应的政策建议。

第二章

研究文献综述

第一节　研究涉及的关键概念

在本书的研究中，涉及几个关键概念：供给侧改革、中小制造企业、转型升级。厘清这几个关键概念有助于我们把握研究中涉及的内涵要素，为下一步研究奠定理论基础。

一、供给侧改革

“供给侧结构性改革”一词是在2015年11月10日，习近平总书记在主持召开中央财经领导小组第十一次会议，研究经济结构性改革和城市工作时首次提出的。在会议讲话中，习近平总书记提出：在适度扩大总需求的同时，着力加强供给侧结构性改革，着力提高供给体系质量和效率，增强经济持续增长动力。这一提法的出现，说明我国经济治理思路与过去相比出现了重大变化。过去我们侧重于通过拉动需求来促进经济发展。比如经济运行中出现了供过于求的现象，我们就会采取各种财政政策和货币政策刺激需求，使需求扩大以匹配目前的产能。但是这里蕴含着一个问题：即人们不愿意花钱去购买某种商品是否真的是由于对这种商品还存在着大量潜在需求没有被激发出来呢。现实的情况是，除去前面所说的原因导致人们不愿意花钱去购买某种商品，还有一种原因就是某种商品确实存在生产过剩的现象，对于这种商品人们已没有更多的需求。显然，这种情况下其症结在于供给方，用人们通俗的话来说就是“我要的你没有，你有的我又不缺”。因此，必须要在关注需求侧的基础上，切实转变思路，把关注重点调整到供给侧上来，改变原来供给体系经常存在的中低端产品过剩、高端产品供给不足的现象，这样才能解决我国进入经济新常态以来供给与需求不匹配、不协调和不平衡的现象。

综上所述，供给侧改革的实质就是用改革的办法促进经济结构调整，在积极增强高端有效供给的同时控制低端无效供给，提高全要素生产率，使供给结构能够适应多样化的需求变化。

二、中小制造企业

本书中所研究的中小制造企业，可以解释为隶属于制造业范畴下的各类规模企业中的中小企业。

所谓制造业，按照一般的理解，是指利用某种资源（物料、能源、设备、工具、资金、技术、信息和人力等），按照市场要求，通过制造过程，转化为可供人们使用和利用的大型工具、工业品与生活消费产品的行业。按照现行分类，制造业下包括农副食品加工业，食品制造业，酒、饮料和精制茶制造业，烟草制品业，纺织业，纺织服装、服饰业，皮革、毛皮、羽毛及其制品和制鞋业，木材加工和木、竹、藤、棕、草制品业，家具制造业，造纸和纸制品业，印刷和记录媒介复制业，文教、工美、体育和娱乐用品制造业，石油加工、炼焦和核燃料加工业，化学原料和化学制品制造业，医药制造业，化学纤维制造业，橡胶和塑料制品业，非金属矿物制品业，黑色金属冶炼和压延加工业，有色金属冶炼和压延加工业，金属制品业，通用设备制造业，专用设备制造业，汽车制造业，铁路、船舶、航空航天和其他交通运输设备制造业，电气机械和器材制造业，计算机、通信和其他电子设备制造业，仪器仪表制造业，其他制造业，废弃资源综合利用业，金属制品、机械和设备修理业，共31小类。

所谓中小企业，一般是指在中华人民共和国境内依法设立的，人员规模、经营规模相对较小的企业，包括中小型和微型企业。此类企业通常可由单个人或少数人提供资金组成，其雇用人数与营业额皆不大，因此在经营上多半是由业主直接管理，受外界干涉较少。在2014年7月1日起施行的《天津市促进中小企业发展条例》中，将天津市中小企业界定为：在本市依法设立，生产经营规模符合国家中小企业划型标准的各类所有制和各种组织形式的企业，包括中型企业、小型企业和微型企业。目前，我国执行的中小企业划型标准规定是2011年印发的《中小企业划型标准规定》（工信部联企业〔2011〕300号，以下简称“300号文”）。在300号文中，明确了中小企业划分为中型、小型、微型三种企业类型，制造业属于工业门类下。而对工业门类下中小企业的划型标准规定为：从业人员1000人以下或营业收入40000万元以下的为中小微型企业。其中，从业人员300人及以上，且营业收入2000万元及以上的为中型企业；从业人员20人及以上，且营业收入300万元及以上的为小型企业；从业人员20人以下或营业收入300万元以下的为微型企业。

因此，本研究中提到的中小制造企业，是指依法设立，隶属于制造业门类下任何一个细分小类，从业人员1000人以下或营业收入40000万元以下的各类所有制和各种组织形式的企业，包括中小型和微型企业。具体到天津市中小制造企业，是指在天津市依法设立，隶属于制造业门类下任何一个细分小类，从业人员1000人以下或营业收入40000万元以下的各类所有制和各种组织形式的企业，包括中型企业、小型企业和微型企业。

三、转型升级

对于转型升级的理解，一般都认为应该理解为转型和升级的复合概念。单就转型来说，往往是指组织在面对外部环境变化时对现有的经营发展方式的调整过程。如果将转型扩展到宏观经济层面，则往往是指经济进程中资源配置方式和经济发展方式的转变，如资源配置由政府主导转为市场主导、经济发展由粗放发展转为科学集约发展。而在这一过程中，往往伴随着一系列具体的内外部要素提升，如产品功能提升、工艺效率提升、产业链分工位置提升等，最终有助于提升组织核心竞争力，这就是升级。因此，转型与升级不应该机械地割裂开来，是要把转型升级合在一起理解，指组织在面对外部环境变化时，通过对现有经营发展方式的调整，使组织一系列内外部要素提升，最终增强组织核心竞争力的过程。

第二节　有关企业转型升级内涵的文献综述

目前，国内外对中小制造企业转型升级直接进行研究的文献相对较为缺乏，国内外对该课题相关领域的研究主要集中在以下三个领域：一是有关企业转型升级的内涵；二是有关企业或中小企业转型升级的影响因素；三是有关中小企业转型升级的路径。

在对企业转型升级内涵的表述方面，目前国内外学者并未取得统一说法。国内外学者普遍将转型与升级概念分别进行研究。在企业转型方面，主要集中于企业组织转型、企业战略转型、企业业务转型等方面。德国学者 Anna - Luisa Müller 认为企业转型是外部环境和内部管理相结合的持续性的过程。美国学者 Hall 和 Beck 将企业转型定义为企业对易变环境做出的短暂而非连续的反应，使企业能够利用环境的改变创造出新的机会与能力。国内学者吴家曦认为转型是企业在不同产业、不同发展模式之间的转变。国内学者贺俊、徐全军将企业转型分为市场转型、行业转型、区位转型、技术转型、管理及治理转型。

在企业升级方面，主要集中于企业核心竞争力获得方面。美国管理学家 Porter 认为企业升级是制造更好产品、生产更具效率及转入技术含量更高活动从而获得更高回报的过程。我国的香港公开大学学者 Poon 认为企业升级是生产商从劳动密集型或是低价值产品状态转向技术密集型或是高附加值产品状态的过程。美国学者 Gereffi 认为企业升级是一个企业由劳动密集型行业转向收益率更高的资本或技术密集型行业的过程。英国萨塞克斯大学学者 Humphrey 和 Sehmitz 认为企业升级是指企业通过提升技术创新能力和完善市场管理能力来提高附加值的活动，企业升级方式主要有过程升级、产品升级、产品功能升级、跨行业升级 4 种不同类型。国内学者吴家曦认为升级是企业迈向更具高附加值的资本和技术密集型经济领域的过程。国内学者唐海燕、程新章将企业升级分为产品升级、过程升级、功能升级。

第三节　有关企业或中小企业转型升级影响因素的文献综述

在对企业转型升级内涵研究的基础上，国内外学者进一步对企业或中小企业转型升级的影响因素进行了研究。

美国管理学家 Porter 基于竞争战略理论分析了行业转型影响因素，认为行业的空间和产业间的利润水平差距是导致企业转型的主要因素。

德国学者 Peighambari，Arman 指出中小企业转型升级的成功因素并非参与到全球生产网络中，而是专注于不断增长的国内市场，克服典型的资源约束和依赖内部功能。

李廉水等国内学者分析了我国上市公司的转型影响因素，认为转型的基本影响因素来自于三个方面：追求价值最大化；完善公司产业链的考虑；分散经营风险，拓展业务范围。

孙国民等国内学者指出了中小企业转型升级中应注意产品环节、创新环节、管理环节、服务环节几方面。

总的看来，不同国内外学者在进行研究时，由于其宏观和微观视角、学科视角不同，目前关于中小企业转型升级的影响因素看法也不尽相同，但都说明在各种因素的综合作用下，中小企业转型升级是保证其持续健康发展的必由之路。

第四节　有关中小企业转型升级路径的文献综述

目前研究中小企业转型升级路径的文献很多，总体研究方向可以分为三类：第一类从产业角度研究中小企业转型升级路径；第二类从技术角度研究中小企业转型升级路径；第三类从政府角度研究中小企业转型升级路径。

一、从产业角度研究中小企业转型升级路径

美国学者 Bair 研究了发展中国家经济体的出口企业如何参与全球产业价值链以便于本国产业结构的升级。国外学者 Magdolnasass，Andrea Szalavetz 研究了匈牙利企业如何通过以更高水平融入全球产业价值链中实现企业转型升级。国外学者 Langviniene 等指出产业集群比独立企业更能提高企业竞争力和生产效率。国内学者毛蕴诗、郑奇志基于全球产业价值链理论总结出企业升级十大路径：基于市场、产品、产业边界模糊、关键技术、生产服务、环境保护、战略联盟、市场整合、重组、战略资源获取。国内学者余壮雄，米银霞认为转型升级是一个过程的两个方面，转型意味着企业从低端模式转变为

高端模式，升级则是产品附加值方面的转变，从低价值产业向高价值产业链转变。产业结构升级就是企业转变发展战略、改变生产模式、调整管理模式等方式，实现企业产品向高附加值转变的过程。国内学者刘阳春等提出基于产业链延伸的企业升级策略：技术积累、技术跨越、扩展营销渠道、开发新领域的产品和客户等。国内学者吴兆明认为中小企业需要加强企业间的合作与差异化发展，这就要求与产业集群的发展紧密联系起来，扩大产业链，寻求共同发展之路。国内学者王朝阳、张雪兰、包慧娜认为制造业服务化是指企业从产业链的制造环节向微笑曲线两端延伸，通过提高服务在制造业价值链中所占比重，从而提升产业附加值和品牌效益的行为。制造企业根据企业实际和行业发展环境增强自身竞争力的理性选择，是企业从以生产物品为中心向以提供服务为中心的转变。国内学者孙亮、张琰从虚拟产业集群角度研究了 B2B 创新模式下的中小企业转型升级。

二、从技术创新角度研究中小企业转型升级路径

菲律宾德拉沙大学学者 Raymund B. Habaradas 指出在中小企业发展中技术创新的重要性。国内学者汤临佳等通过梳理英国、荷兰、比利时等国家地区对中小企业的创新扶持政策，指出创新政策必须以具有发展潜力的创新型中小企业为扶持对象，制定更加务实有效的创新政策。国内学者尹虹潘认为我国制造业创新链在基础研究与产业化之间存在割裂，必须围绕制造产业的需求整合现有的创新资源和载体，打破科研事业单位体制的约束，构建新型的制造业创新平台，对行业前沿的关键技术、先进制造基础工艺等方面要加大研发投入，弥补技术研发与产业化之间的创新链缺失。国内学者陈亮认为技术创新是实现中小企业转型升级的关键，可通过构建中小企业创新体系、知识产权保护战略与标准化战略，促进技术创新实现转型升级。

三、从政府政策角度研究中小企业转型升级路径

国外学者 Gerald 等通过对阿根廷酒厂的转型升级研究，指出起重要作用的是政府提供的相应政策，提高了企业获取知识、信息的能力，加强了企业间的合作。美国学者 Acs ZJ，Szerb L 指出聚焦在增加人力资本、升级技术可

用性、劳动力市场改革及金融市场正规化的政府公共政策对中小企业转型升级起着积极作用。国内学者石清岚等提出政府应积极引导推动企业联动式转型即通过集群内的大型企业的成功转型带动与其相连的中小企业进行同步转型。国内学者赵惠敏提出税务和财政部门要结合实际情况，对有利于转型升级的技术创新和研发等给予更多的政策和资金扶持，如加大税收优惠，财政拨款力度、实行贷款贴息和财政补贴。国内学者黄阳华、罗仲伟指出我国劳动密集型中小企业转型升级的最优金融结构是加强中小企业公共服务体系建设。

综上所述，目前国内外学者在中小企业转型升级路径方面从不同视角进行了研究，取得了丰富的研究成果。同时，在研究中还存在下列值得进一步探讨的方面：

（一）对供给侧改革下中小制造企业转型升级的探讨

目前我国正在推行的供给侧改革，旨在提高供给质量，扩大有效供给，提高供给结构对需求变化的适应性和灵活性，这对中国制造企业提出了不同于以往的要求，各制造企业如何在去产能和去库存的情况下真正实现供给结构与人们更高需求的对接，是摆在各制造企业面前的现实问题。作为在制造企业中扮演重要角色的中小制造企业，更需要做出专门的回应。已有研究中对中小制造企业转型升级缺乏系统研究成果，专门研究供给侧改革下中小制造企业转型升级的成果则更缺乏，这正是本书集中研究的重点所在。

（二）从不同视角对企业转型升级路径的探讨

已有研究或者从产业价值链等纵向视角研究企业转型升级路径，或者从产业集群、政府政策等横向视角研究企业转型升级路径，研究视角相对比较单一。本书选取中小制造企业转型升级路径进行研究，正是希望能在这一细分领域做深，从纵横角度全面研究中小制造企业转型升级路径，即从纵向上考虑中小制造企业如何在产供销价值链的各要素上合理调配实现转型升级，从横向上考虑中小制造企业如何通过政府、行业、企业不同宏微观主体的有效衔接实现转型升级。

（三）对不同类型企业转型升级路径的探讨

现有研究中往往把企业作为一个大类进行研究，虽然提出了企业转型升级的一般路径，但并没有进一步研究不同类型的企业最适宜的转型升级路径是什么。本书选取天津市中小制造企业转型升级路径进行研究，将在天津市中小制造企业中选取几类典型行业的企业进行研究，深入分析与该类行业所涉及企业相适应的转型升级路径，这对转型升级方面的现有研究是一个有效的扩展。

第三章

天津市中小制造企业转型升级现状

第一节 天津市中小制造企业转型升级具体做法

虽然天津市“制造业立市”的口号在2020年才提出，但是，早在2014年，天津市就开始在天津市中小企业中开展《天津市万企转型升级行动计划(2014—2016年)》。作为深入贯彻党的十八大和十八届三中全会精神的重要部署，在行动计划中明确提出要通过改造提升一批、产业转型一批、关停重组一批、载体升级一批的路径推动天津市中小企业转型升级、创新发展。之后，在“制造业立市”口号提出后，天津市全面贯彻党的十九大和十九届二中、三中、四中、五中全会及中央经济工作会议精神，为落实习近平总书记对天津市工作“三个着力”重要要求以及一系列重要指示和批示，天津市相继出台了《天津市新一轮中小企业创新转型行动计划（2017—2020年)》，以产业转型、改造提升、重组调整、载体升级为主要路径，进一步推动天津市中小企业转型升级工作的开展。2021年，出台了《天津市制造强市建设三年行动计划（2021—2023年)》，提出制造强市的重点领域和重点任务。历次行动计划的实施对象中，均包括大量的中小制造企业。这些企业在转型升级中采取的具体做法，是我们分析天津市中小制造企业转型升级路径的重要依据。由于天津市中小制造企业涉及行业多种多样，不可能一一列举，我们从中选出装备制造业、生物医药业、石油化工业、交通运输业、能源材料业、日用消费品业、信息技术业的一些典型企业进行介绍。

一、装备制造业

（一）天津爱迪自动化科技有限公司

天津爱迪自动化科技有限公司（以下简称“爱迪科技公司”）是一家从事非标自动化设备设计、制造的高科技生产型企业，创建于2003年1月，坐落在宁河现代产业区内，占地面积达23300平方米，成立时注册资金仅为50万元，经过多年发展，现注册资金已达3000万元。爱迪科技公司拥有职工

120 人，其中本科以上学历人员占职工总数的 75%，直接从事研发人员占职工总数的 70%。2007 年爱迪科技公司通过了 ISO 9001 质量管理体系认证，主要为汽车、电子、家用电器等工业中的部件装配提供全套柔性和非柔性自动化装配线，以及单独的装配、检测设备，已成为国内外多家大型汽车零部件厂家的合作伙伴，并已开发出多套力和位移压装控制，装配拧紧角度控制，密封性检测，机器人涂胶和拧紧、扭矩控制等高技术要求的专机和 RFID 数据传递、PLC 和 PC 控制系统采用 Profibus、Device Net 等现场总线方式进行连接，为汽车零部件厂商提供全套的部件装配与检测系统的解决方案。爱迪科技公司树立开拓、进取、奋斗、拼搏的企业精神，秉承以人为本的人才培养发展战略，建立了较为完整的晋升、培训、考评体系。

近年来，国内自动化设备制造业市场竞争日益加剧，利润空间不断缩小，产品更新换代加快，爱迪科技公司作为国内成熟的自动化设备制造企业倍感压力。由于原有产品单一、缺乏自主品牌，导致企业产品订单减少、销售收入下滑、利润水平下降，使爱迪科技公司意识到，传统的设计思想和制造方式已无法适应现代化社会多样化、快节奏的新要求，企业要想持续发展，必须寻求转型升级新途径。爱迪科技公司通过认真分析行业的发展前景，自身的实力、水平和条件，提出企业要坚持在自动化设备制造业领域中走专业化、精细化的发展方向，加快提升产品技术研发和科技创新能力，努力向产业链的研发、品牌、设计等环节要效益，以专精特新产品获取企业利润的最大化。

2013 年 6 月—2014 年 12 月，爱迪科技公司投入 460 万元打造专精特新产品，力争在非标自动化设备设计、制造领域占领优势地位。同时组织了 27 位机械及电气工程师，研发高档轿车发电机非标自动化设备项目，该项目为自主研发、设计，同时有效地利用了自主专利，采用多轴精确位及扭矩可控电动扳手，用于生产中多螺栓的同时拧紧，采用高精度倍速链实现半成品之间的传输功能，采用气动位移翻转机械手，实现工件在三维空间中的精确位移，采用 Profibus、Device Net 等通信技术实现 RFID 数据传递，组建 PLC 和 PC 的控制系统。此设备可装配发电机 20 种，工作站 16 站（其中全自动站 3 站，半自动站 13 站），所需操作者仅 13 人，生产节拍仅 30 秒，生产的产品合格率达到 98.7% 以上，比原来的手工生产线组装精度提高了 27%，操作人员减少了近50%，日产量提高了4倍，大幅提高了生产效率。与此同时，爱迪科技公司实施了新型桁架机器人研究与设计项目，该项目针对传统工业机器人操控程序的专业性、复杂性，创新地实现了标签式的全中文机器人语言操作系统，大大简化了程序编辑的冗杂性，实现了傻瓜式操作，首次实现了新型夹持式抓手在桁架机器人上的应用，该产品技术先进，达到了国外同类产品水平，可以取代进口产品，降低对国外机器人的依赖。新型桁架机器人可应用于点胶、滴塑、贴片、码垛、包装、焊接、机械加工、搬运、上下料、装配、印刷等常见的高温、高危、环境复杂的工业生产领域，在替代人工、提高生产效率、稳定产品质量等方面都具备显著的应用价值。

2013年年底，爱迪科技公司实施了企业信息化升级改造工程，采用信息化技术升级传统的产品设计、生产方式，提高了新产品的设计效率。将信息技术、网络技术和产品设计、生产相结合，实现了现代集成生产工艺的信息化，通过信息的无缝集成、过程优化和资源优化，实现物流、信息流、价值流的集成，缩短了企业新产品的开发周期，从而提升了企业的市场应变能力和综合竞争能力。通过引入信息化技术，爱迪科技公司自主研发的私服精密压机，大批量应用于汽车起动机、发电机装配线中，抢占了产品市场，2014年仅此一种产品就为企业带来500万元的销售收入。

为提高产品创新能力，爱迪科技公司组建了以企业为主体、产学研相结合的产品研发中心，副总经理担任研发中心主任，亲自参与研发、设计，2名高级工程师担任副主任。产品研发中高薪引进了多名高新技术人才；与科研院所和大专院校合作，大力开展新产品的研发工作；并投入大量科研经费，所投入的研发经费占到销售收入的12.5%，先后开工多个科研项目。通过科研人员的合理运用、科研项目的合理优化，有效地提高了研发进度，降低了研发成本，加强了研发队伍建设，同时丰富了企业的产品，进一步扩大了市场。目前，研发中心已扩大到52人，包括机械工程师25人、电气工程师16人、装配工程师5人、机加工人员4人、质检工程师2人。所有工程技术人员均受过专业训练，在自动化设备的设计、制造领域具有丰富经验，能够快速正确地领会客户意图，给客户提供全面的技术支持。

转型升级使爱迪科技公司迎来了科学的春天，成为当今国内非标自动化设备研发制造行业的领军企业之一，在产业规模、自主创新能力与技术水平上处于国内领先水平，具备了很强的自主创新和产品开发能力。目前爱迪科技公司已经拥有成熟的国内市场网络，主要为汽车零部件、电子、家用电器、风力发电、太阳能等工业制造企业提供非标自动化生产线，并成为国内汽车制造及新能源生产厂家最重要的供应商之一，为电装、高田、博格华纳、佩特来、丹佛斯、邦迪、约翰迪尔、ABB、施耐德、京瓷太阳能、维斯塔斯风力发电、三星集团等国内外著名企业提供生产及检测设备。爱迪科技公司自主研发高技术水平非标自动化设备拥有自主知识产权，在国内汽车零部件制造及新能源、电子产品制造行业中市场占有率达30%以上。众多客户在使用爱迪科技公司提供的高水平非标自动化设备后，有效地改善了作业环境，达到了零件加工数字化、信息化、少人化直至无人化管理，可靠地保证了产品质量，极大地提高了劳动生产率，将工人从繁重的体力劳动中解放出来，使现代制造技术达到了一个崭新的水平。此产品已经在北京佩特来、大东吴等发电机制造公司投入正常使用，设备生产的发电机应用于北京现代、上海通用、大众、长城汽车等。爱迪科技公司通过加快自主创新研发、组建产品研发中心，使企业丰富了自己的产品，获得了实用新型专利3项、发明专利1项，有效地降低了生产成本，进一步扩大了市场，爱迪科技公司各项经济指标均呈稳定增长趋势。

（二）天津市广顺源机械制造有限公司

天津市广顺源机械制造有限公司（以下简称“广顺源机械公司”）成立于1997年，是专业从事钣金及数控机械加工制造的民营企业，主要经营电梯、电扶梯制造及维修、金属制品加工制造、塑料制品加工、减速机及配件加工制造，同时从事货物进出口、技术进出口等国际贸易。现占地面积38000多平方米，现代化厂房近30000平方米，注册资金1800万元，固定资产近6000万元，年销售额近3000万，员工70多名，其中管理人员10名，技术人员8名。广顺源机械公司立足于国内外市场，以外向型经济为主导，产品销往美国、匈牙利、马来西亚、阿联酋、新加坡、澳大利亚等多个国家。在经营理念上，一贯秉承以德经营，用户信任的理念，依靠良好声誉和过硬质量，成为丹麦丹佛斯公司、美国奥的斯集团公司、美国爱默生过程管理公司、美国费希尔阀门公司和德国西门子公司等配套供应商，连续几年被美国爱默生集团公司评为全球优秀供应商，广顺源机械公司实行5S管理体系并顺利通过了ISO 9001质量管理体系认证。

广顺源机械公司在技术和产品创新方面取得了积极进展，但在市场竞争日益加剧、技术产品日新月异的情况下，现有的技术工艺设备已无法适应产品市场的急剧变化。特别是长期合作的蓝光奥的斯公司对产品进行了升级换代后，广顺源机械公司无法对接并提供客户需求的产品，错失了良机。因此，以市场和客户需求为导向，改变传统的加工工艺，提升改造设备，以规范的管理，重树优质的品牌形象，成为企业转型升级的必由之路。

在转型升级过程中，广顺源机械公司加大对高精尖设备和技术力量的投入，先后引进了具有世界先进水平的T30302数控转塔冲床、加工中心等设备。这些先进设备的引进，为企业占有市场，增加客户资源提供了有力的硬件支撑，仅大型立车一项就可以加工直径2.5米以内的工件，可以承接大型立车设备和工件的加工制造，实现了加工体系由传统加工生产工艺向技术型规范化加工的转型，在同行业中处于领先地位。在引进先进设备的同时，广顺源机械公司加大了对自主研发的投入力度，仅2014年就投入科研和技术改造经费666万元，成功研发新产品11项。企业承接的高精度密封压环、密封环、阀杆等项目，列入了市级万企转型升级项目，通过引进、消化再创新，使企业在高精尖技术上形成了独特的优势。

产品质量是企业的生存根本，广顺源机械公司把规范管理流程、确保产品质量作为重要环节。为保证产品质量的稳定，要求质量部门从材料进厂到成品出厂，都严格进行跟踪检验。在生产过程中，加强操作员的半成品工序检验环节，发现并及时解决产品加工中出现的质量问题，减少了不合格产品率和材料的浪费。广顺源机械公司实行5S管理体系，规范流程管理，从生产环境到设备维护，从安全防范到物品定置，都有明确的管理要求，从订单到生产再到客户的一系列生产流程的管理和控制，形成了完善的流程管理体系，针对生产和物流等部门制订了完整的绩效指标考核协议，从总经理办公室到车间部门，进行层层落实和定期检查，与工资效益挂钩。在企业员工的共同努力下，通过了 ISO 9001 质量管理体系认证，产品也通过了合作伙伴的国际标准认证。良好的产品质量树立了优质的品牌形象，提升了合作伙伴对品牌的认可度，成为世界 500 强企业的首选合作伙伴。广顺源机械公司依靠过硬的质量和良好的信誉，不断拓宽业务范围来扩大市场份额，向西门子公司和美国爱默生集团提供了各种型号的齿轮和石油输油管道的圆筒、金属压环、阀体等加工业务，增加了美国费歇尔公司采购订单的生产和出口业务，并成为丹麦丹佛斯公司的全球采购供货商，为该公司提供压缩机框架产品。

广顺源机械公司为逐步实现由加工型到技术型企业过渡，不断引进技术员工和技术人才，提高技术优势，特别注重引进有实际工作经验的高端技术人才。企业招聘了大量技术人员，实现了技术研发人员和技术操作人员占公司总人数的 2/3。为提升员工的素质，培养德才兼备的技术人才，企业加大了对现岗人员的培训，重点进行了新品操作培训，并加强了培训后的跟踪指导，以尽快提升操作人员技术素质和能力，提高生产效率和产品质量。广顺源机械公司在引进和培养人才的同时，积极为人才的培养搭建平台，打破论资排辈的局面，选拔技术过硬、懂生产、有经验的年轻技术人员进入公司管理层，为年轻人才提供良好的晋升通道。优秀的人才队伍，为企业研发生产优质产品提供了坚实保障。广顺源机械公司的数控业务部由高级技术工程师带队，组织车削事业部、加工中心事业部、减速机事业部门等部门的技术人员，全面关注产品图纸、工艺流程、新品实验、料具采购等诸项内容，精心进行新品研制和实验，认真进行成品检验，将检验合格的产品交客户试用检验，经客户认可后批量投入生产，一丝不苟的精神树立了良好的产品质量和企业信誉形象。

广顺源机械公司通过技术改造和管理提升，逐步由加工型企业向技术型企业过渡，开发的一种带有安全气囊的电梯等专利技术，扩大了公司的市场份额。先后与美国爱默生过程管理公司、美国费希尔阀门公司和德国西门子公司合作，并拓展国外订单市场，取得了较好的效果。企业建立了规范严格的流程管理体制，形成了从订单—管理—后续服务的一个完整的服务链条，保证了产品的质量，并最大化地满足了客户需求，同时构建行之有效的人才引进和培养制度以及晋升通道，广泛吸引了大量的科技人才，为企业持续发展奠定了基础。广顺源机械公司通过引进国际领先的技术设备、严格规范的管理等措施，极大地提高了产能和生产效率，市场遍布匈牙利、马来西亚、阿联酋、新加坡、澳大利亚等国家。

（三）天津中电华利电器科技集团有限公司

天津中电华利电器科技集团有限公司（以下简称“华利电器集团”）前身为天津市东丽区华利电器开关柜厂，2009 年改制成立华利电器集团，注册资金 5000 万元。华利电器集团是研发、制造、销售输配电电器设备的专业公司，主要产品涉及低压电路和高低压配电柜等 8 类 108 种产品，产品销售经营网络覆盖我国北方地区，为国家和地方重点工程及大型企业提供了多种优质产品，在用户中享有较高的信誉。企业管理以董事会为核心，设生产部、研发部、销售部、财务部和内勤部等部门，共有职工 405 人，其中，具有大专以上学历人员占职工总数的 46%；专业从事技术开发与试验人员 53 人。华利电器集团是天津市科委认定的科技型中小企业，通过了 ISO 9001—2000 质量管理体系、ISO 14001—2004 环境管理体系、T 18001—2001 职业健康安全管理三标一体化认证，取得 AAA 级资信企业认证。2014 年通过天津市高新技术企业认证，其产品通过了国家强制性产品（CCC）认证，取得高压电器行业颁发的高低压开关设备型号使用证书。

华利电器集团成立之初，主要以购入零部件、拼装、贴牌的方式进行产品的生产，产品主要为 HLB1 型小型断路器、HLM1 塑壳断路器、HLM8L 塑壳断路器等。由于采用贴牌生产的方式，主要元器件需要从其他公司购入，零件的来源及质量不稳定，造价高、产量低，2012 年产量只有 36998 件、产值 1321 万元，净利润很有限。企业依赖传统生产方式生产与销售传统电器产品，新产品研发能力不足、元器件等原材料来源不稳定，生产线设备陈旧、生产效率低下、能源耗费和人工成本高，检测设备不完善、检测水平不高，使得产品单一、老旧、技术附加值低，扩大市场份额难度大，导致企业发展速度缓慢。为此，华利电器集团下大力气开始了围绕专精特新产品的企业转型升级活动。在转型思路上，突出“专”字，依靠自主创新，研发具有自主知识产权的系列新产品，提高产品技术含量和附加值；淘汰落后设备、引进先进生产设备和检测设备，提高产品品质；建立企业现代化管理体系，创新品牌知名度，扩大市场营销网络、提高产品市场占有率，建立远程电力监控服务平台，提升售后技术支持能力，使企业进入稳步发展轨道，取得显著的经济效益和社会效益。

华利电器集团从建立企业技术中心、改造检测中心等方面入手，加强新技术、新产品研发平台建设，奠定了企业专精特新产品转型升级的基础。首先通过建立市级企业技术中心，加强研发人员队伍建设，完善了创新激励机制，在研发场地、试验基地、实验仪器设备方面予以保障，满足了企业自主研发与生产技术的支撑需求。为持续支持企业的专精特新产品研发活动，公司董事会形成决议，每年按销售收入的4%以上比例，提取技术中心的研发经费，并保证每年研发经费增长率不低于8%，设立企业技术中心内部账户，实行独立核算和专款专用，为技术中心科研活动的开展提供强有力的资金保障。企业还对检测中心的软硬件条件和环境进行了改造提升，既可以完成新产品的研究性试验，也可以进行产品生产性试验，全面提高了公司各类产品检测能力和水平。

华利电器集团通过对配电控制产品市场的全面调研，明确了自身产品细分市场的定位，确立了专精特新的转型发展方向，果断放弃之前科技含量低、耗能大、成本高的产品种类，全力开发配电控制数字式技术产品，两年来在中高压配电控制电器技术和制造技术方面进行攻关，开发出多项具有更高技术含量的数字化配电控制新产品。其中HLQ60系列双电源自动转换开关产品项目，其产品具有机械连锁和电器连锁保护，以防两台断路器同时合闸特点，从装配到检测、铆合、移印、包装，采用在线智能控制的方式，检测精度高，是企业近年研发出的多款新产品之一，技术含量高、工艺精湛、质量可靠，产品一经问世，当年即实现了批量销售，销售收入达1500万元。

华利电器集团开展了双电源生产线节能改造工作，新增了产业化基础设施，将各生产线中能耗大、产能落后、生产效率低的大型机械设备进行了集中的技术改造，淘汰了陈旧、低效、高能耗的生产线。企业自筹资金投入300万元，新增了包括数字式下料、折弯、钻孔等配电控制产品制造关键生产设备，同时，首次引进了断路器及开关自动试制检测流水线，增添了通断检测工作站、瞬时特性检测工作站、延时特性检测工作站及总控系统等在内的试验检测设备，共计50台（套）。这些设备的引进，大幅度提高了新产品的产业化能力，提高了对产品配电控制测试能力，实现对产品的安全性和可靠性全程自动化检测。华利电器集团还通过引进专业检验人员，聘请国家配电控制质量监督检验中心专家定期培训等方式，全面提高检验人才队伍素质，保证产品质量，使新产品合格率大幅度提高，达99.8%。

华利电器集团从技术研发到产业化合作项目，加强全过程的知识产权管理，通过形式多样的宣传与培训等，强化全员的知识产权意识，从而提升企业知识产权创造、保护、管理和运用的能力。华利电器集团先后在多项研发项目和对外合作产业化项目中提出专利申请，保护自主创新成果，已获得国家专利83项。仅2014年，就完成了适应不同条件配电控制产品的研制等企业自主研发项目33项、产学研合作开发项目18项、对外进行产业化合作项目37项，申请专利50项，比2012年增长3倍，在创造与运用知识产权方面取得了丰硕成果，企业研发成果转化又给企业员工带来了创新活力和创新信心，使企业步入创新的良性循环。

华利电器集团采取立足于本企业商标保护、向名牌商标方向努力的策略，在积极扩大新产品应用领域的同时，努力创新产品+服务的现代盈利模式，大大提高企业产品知名度。企业的注册商标为华旺（huawang），以前，标有该商标的开关类产品，只在电力能源领域应用。近两年来，企业加大了推广力度，产品推广到石油化工、电网建设与改造、房地产等多个领域，为国家和地方重点工程及大型企业提供了大批优质的华旺牌产品，逐步在用户中建立起较高的信誉。在市场营销上，以“责任明确、利润分享、共同发展”为原则，形成直销、配套销售、行业推广的互补互助营销局面，有效地提高了产品的营销成功率和产品推广速度，配合完善的售后技术服务体系，从而大大提高了产品市场占有率，企业营销网络覆盖我国北方地区，京津唐地区的市场占有率达20%以上。同时华利电器集团加快了向现代服务模式转型的步伐，通过自主研发建立了华利电器集团智能调度中心，实现了用户委托实施远程电力监控及售后维护、提供技术支持的新模式，从单纯依靠销售产品取得盈利转向依靠销售产品+提供电网维修监控和售后技术服务共同盈利，使企业的运维业务迈进了智能代理维护服务时代，提升了客户企业现代化的管理要求，全面推进了企业从单纯生产型到高科技服务型的转型。

华利电器集团从一个只有30人的家庭式小作坊，逐步发展成为以高科技为先导的具有雄厚的技术力量、先进的检测设备、精湛的生产工艺、严格的管理体系的现代化民营企业。通过实施专精特新产品转型升级，从原来依靠引进零件组产品的生产模式转型升级为自主开发产品并优化生产流程，从手工生产到引进自动化机械流水线进行高效率生产，逐步使企业具备在高端配电控制电器产品上的市场竞争力，以优质产品和完善的售后服务赢得更大的市场，实现企业稳步发展。

（四）天津金米特电子有限公司

天津金米特电子有限公司（以下简称“金米特电子公司”）成立于2011年，注册资金3000万元，是一家集研发、生产、销售电动自行车、电动滑板车仪表和各种电动车用传感器为一体的制造企业。企业拥有自主研发的12条生产流水线，具备2万套仪表日生产能力，现有员工61人，科技研发人员21人。金米特电子公司秉持学习、诚实、尊严、感恩的经营理念和客户完全满意的工作方针，积极进取、勇于创新，近年来先后获得技术研发先进企业奖、科技创新成果奖、天津自行车电动车行业科技创新成果奖、天津自行车电动车行业技术研发先进企业奖等多项荣誉，被誉为“天津中小企业成长之星”。现已成为国家级高新技术企业，是电控系统技术委员会副主任委员单位、中国自行车协会零部件专业技术委员会会员单位、电动自行车仪表国家标准制定单位。

金米特电子公司创立伊始就将产品专注定位在研发生产高端的电动自行车仪表，作为刚刚起步的企业，面对国内市场仪表产品价格低、品质差、竞争激烈的现状，在国内市场开拓受阻，压力重重的情况下，企业决定另辟蹊径，转而将视野转向国外，通过打造高品质、高价值的专精特新产品，打通国际市场通道，谋求一条新的发展之路。

国内企业向国外推广产品，面临的最大问题就是营销队伍人员外语水平普遍不高，为此，金米特电子公司及时招聘了一批外语水平高、国外市场营销经验丰富的外销人员，同时，总经理带头学习英语、德语，加快提高营销人员外语水平，并亲自为外销人员进行业务培训，介绍产品功能，力求打造一支精锐的外销团队。训练有素的外销团队立刻发挥了有效作用，通过企业积极参加各种国外展会，充分利用各种国际交流平台，加大宣传攻势，展示高品质、设计新颖的产品和良好的公司形象，引起了国外客户的关注，并得到了一家德国公司认可，形成了合作关系，帮助推广金米特电子公司产品。

2013 年，金米特电子公司遇到成立以来最大的困难，由于产品检测环节的问题，一批出口荷兰的产品出现了大规模损坏，对企业造成了巨大损失。金米特电子公司在妥善处理好客户问题后，经过认真反思，认为必须完善检测体系，不能让荷兰客户的事件再次上演。企业向银行申请 200 万元贷款，引进先进检测设备，制订规范的产品验证流程，在原有高品质基础上再上一个台阶。金米特电子公司先后从国内购进了盐雾测试机、按键疲劳测试仪、高低温测试箱、振动测试台等一系列先进的信赖性测试设备，利用先进的检测验证工艺，把控产品的核心工序，为新产品的研发产业化、市场化提供了坚实保障。同时，企业更加注重核心产品的研发，加强协同创新，先后与河北工业大学、北京爱维创思科技有限责任公司合作研发仪表助手、智能单车项目；与杭州利尔达科技有限公司进行合作研发 BLE 蓝牙模块等创新项目。正是基于高标准、严要求自我完善的创新理念，金米特电子公司很快取得了骄人的成就，推出的专精特新产品项目，不仅获得了多项实用新型专利，而且研发的多参数电动车液晶显示器，符合欧盟 EN15194 标准，通过了 IP65 防护等级测试、ROSE 环保认证、CE 低压电器安全认证等，在德国注册了 KING - METER 商标。

随着金米特电子公司发展速度加快，人员队伍不断扩充，暴露出企业在管理方面的缺陷，岗位责任不够明确，业务流程不够严密，制度不够健全，员工执行力不强等。面对日渐凸显的管理问题，金米特电子公司制订了相应的战略规划，规范业务流程，从售前采购、售中制造、售后服务的全过程，整合成一个完整的循环体系，建立标准流程，明确每一个部门、每一名员工的岗位职责，并建立相应管理制度和检查程序，确保各项工作任务落实到位，实现企业正规化发展。2014 年年底，金米特电子公司通过了 ISO 9001 和 ISO 14001 质量体系认证。

企业发展要步入良性发展轨道，保持持续健康的发展势头，关键要有一支优秀的人才队伍。金米特电子公司认为，三流的企业靠钱留人，二流的企业靠人留人，一流的企业靠文化留人，因此把培育企业文化作为留住人才的关键。金米特电子公司的文化包含了家庭文化、学校文化、军队文化，员工之间、员工与管理者之间关系融洽，坦诚相待，理解包容，制度面前人人平等，大家自觉遵守、共同维护制度，真正做到了制度无情人有情。金米特电子公司广纳人才，同时也注重培养人才、合理使用人才，通过给各类人员提供培训、承担项目，实现人才职业生涯与企业发展规划的高度契合，将个人的发展与企业的发展目标紧密结合起来。企业每周对中层管理干部进行培训，学习国内外先进企业的管理方法，开阔管理层的视野，提升管理水平。加强员工培训，从职业道德和工作能力进行系统化的培训，培养员工爱岗敬业的品质和对产品精益求精的态度。开展专业技术人才培训，与高校合作，不断促进专业人才的知识更新，为企业长远发展做好人才储备。

金米特电子公司作为刚起步的民营企业，前瞻性地把握了市场需求和产品创新的方式，坚持依靠专精特新产品向高端化、国际化加快转型升级，短短几年，成为电动自行车仪表行业的领先者。从 2011 年创建至今，多项专利在行业中名列前茅，即将仪表按键独立分体；提出双霍尔助力传感器概念并批量在行业内应用；发明隐藏式刹车断电传感器；将仪表厚度做到 6 毫米；将钢化玻璃技术和无线供电技术应用于电动自行车仪表。制定的通信标准 URAT/LIN/CANBUS 以及 CANOPEN 在行业内均已量化投产，取得了可观的经济效益。获取了严格的国内外标准体系的认证，出口产品均符合欧盟 EN 15194 标准，通过了 IP 65 防护等级测试，ROSE 环保认证，CE 低压电器安全认证。出口德国、法国、荷兰、美国等 30 多个国家，在欧洲市场占有率达到 35%。

（五）天津市通洁高压泵制造有限公司

天津市通洁高压泵制造有限公司（以下简称“通洁高压泵公司”）是研发和制造超高压泵及成套智能水射流装备的企业，2003 年 5 月注册成立，坐落在西青经济技术开发区，拥有国内精密零件加工生产、核心关键部件装配与自动化成套装备总装三个厂区，并持有美国 JETECH 公司股份。主营产品包括高压泵、高压清洗机、超高压清洗机、大功率高压泵组、高压泵自动化成套系统、管道疏通机、除鳞系统、高压采油注水机械、试压系统和各种高压水执行机构等，主要应用于大工业检修清洗，如电力、石油、石化领域的工业流程装置，以及市政下水管道疏通等领域。2006 年与美国 JETECH 公司签署全面合作协议引进高端技术，与荷兰 PINEMMAN 公司、美国 APSZ 公司进行了全面合作，从此在超高压水射流清洗技术领域与国际接轨。2010 年通洁高压泵公司负责起草制定了《高压清洗机》国家标准（GB/T 26135—2010）。2011 年被认定为高新技术企业，成为美国水射流技术协会（WJTA）会员，打破了国外对中国超高压力泵设计壁垒。2012 年被认定为天津市科技型中小企业，公司承接的基于超高压水射流的灾害现场破拆机器人装备研制项目被列入国家“863”计划和科技部 2013 年科技支撑备选项目。

通洁高压泵公司自成立起，通过学习引进、消化吸收国外技术，已形成了拥有自主知识产权的核心产品。但仅拥有单一产品，很难将企业做大做强。通洁高压泵公司在打造核心产品的同时，通过产学研合作、以有效专利作为引领，逐步细分市场、开拓新领域，不断研发生产专精特新系列技术产品，实现向智能化装备生产企业转型升级。

2013 年通洁高压泵公司生产的超高压清洗机被列入第一批天津市核心产品认定名单。高压水切割装备的核心是高压泵，而高压泵的核心就是阀组。通过与美国 JETECH 公司进行的全面合作，结束了中国高压泵工业闭门造车、低水平徘徊的历史，开辟了利用外资、引进高端技术、加快发展的道路。通洁高压泵公司一直不断加大产品研发投入力度，通过自主研发、不断创新，消化吸收国外产品后形成了拥有自主知识产权的专利。自主研发的阀组集中了企业最核心的技术，如材料的光洁度、导向的设计、密封的工艺等。现用的阀组均为企业自行生产，将成本从 5 万元降到了 7000 元。由于通洁高压泵公司的设备成功替代了进口，使国外设备在中国的售价也大幅降低。一套过去售价 1200 万元的清洗设备目前价格已经降到了 500 万元左右，而通洁高压泵公司同样技术水平的设备只需要 150 万元，价格仅是国外设备的 1/3。

加强产学研合作，有利于实现优势互补，增强创新能力。通洁高压泵公司与天津中德职业技术学院签署战略合作协议，共建现代装备研发与加工工艺研究中心，与中德职业技术学院建立了紧密依托的合作关系，在特种高压泵加工工艺研究及技术攻关、高压水射流清洗和破拆、翻转卡盘开发和研制等项目中取得了可喜的成绩，多个项目成果达到国际先进水平。此次战略合作协议的签署，使校企双方通过在科研、技术服务等方面的合作实现了优势互补，互利共赢。研究中心建成后，进一步促进了校企双方协同创新，共同致力于现代装备制造领域的新产品研发、技术改造、工艺优化、高端技术技能人才培养等。通洁高压泵公司还与中科院沈阳自动化研究所共同开展自来水管道水下机器人的研发和成果转化，解决了自来水新管道需要冲洗消毒才能运输自来水，旧管道因长期使用发生腐蚀、残留污垢，既影响水质，也会因过水面积减少而造成水压不足这一难题，从而有效地保障了居民的用水安全。此外，通洁高压泵公司与国家科委、天津市科委进行多项合作，进一步提升了企业的研发实力。

为拓宽产品应用领域，通洁高压泵公司不断细分市场，在组织架构中成立了如水刀事业部、超高压事业部、市政环卫事业部、能源事业部、煤矿事业部、石油事业部、冶金除磷事业部产品等众多产品事业部。通洁高压泵公司研发的超高压泵设计及关键零部件加工技术处于国内领先水平，在煤矿、电力及石油化工领域占有70%的市场份额，成为国内高压清洗行业的领军型企业。特别是高压水射流工艺的应用，可以解决传统喷砂工艺去除船舶锈蚀时污染重的问题，具有很广阔的市场前景，虽然目前在国内只有10%～15%的使用比例，但在国外应用却高达80%～85%，开发国外高端市场取得了额外回报。高压水射流已广泛应用在冶金除磷、反应釜清洗、船舶清洗除锈、市政环卫等诸多领域，并向食品加工、生物制药以及高端行业延伸，实现了专精特新发展。

通过转型升级，通洁高压泵公司研发能力、行业地位显著提升、应用领域不断拓广。与美国、荷兰等高压水射流企业进行全面合作，引进高端技术，在超高压水射流清洗技术领域与国际接轨，获得国际最新技术，成为目前国内唯一一家进入国际市场竞争的高压水装备制造企业。授权专利数量由3项增加到26项，另有5项发明专利进入实质审查，24项实用新型专利正在申报。通过自主研发形成的核心产品超高压清洗机，具有清洗成本低、不破坏环境等特点。作为行业领军企业参与了高压清洗机国家标准的制定，享有中国“国家级高压泵行业研究基地”的称号。与中国社会科学院和院校的合作进一步提升了企业的科研能力。已获得省部级以上科研项目4项，国家科技支撑计划项目1项。完成了自动化流程化作业装置，智能化作业级机器等其他相关学科技术与水射流技术的交叉互补，大大提升了企业自主创新能力，带动企业从单一设备向智能化装备转型升级。企业产品应用领域不断拓广，努力研制自动化、智能化清洗成套设备，基于超高压水射流技术研发的混凝土破拆、食品加工、生物制药、生命科学等高端装备，推动高压水射流这一高新技术在石油化工、船舶工业、航空航天、环境保护、应急救援等宽广领域的发展与应用。市场份额进一步扩大，企业核心产品1500千克压力的高压清洗机组占国内工业清洗行业市场份额的80%，位居工业清洗行业的首位。2500千克压力以上的产品，是国内目前独家与国外品牌竞争的机械制造企业。

二、生物医药业

（一）豪威生物科技有限公司

豪威生物科技有限公司（以下简称“豪威生物科技公司”）成立于2012年8月，注册资金9000万元，位于国家级经济技术开发区——天津武清开发区，占地面积88亩，是由冀中药业集团在津投资的一家以动物生物制品研发、生产、销售、技术服务及技术转让为主营业务的民营企业。内设行政部、财务部、研发部、生产部、质量管理部、营销部、技术服务部、企划部等部门，已形成完整的管理架构，拥有专业技术人员近80名。豪威生物科技公司主要瞄准国际生物技术和动物医学发展前沿，引进世界先进的疫苗生产工艺和研发技术，生产高端动物疫苗。企业发明的新城疫——禽流感二联灭活疫苗、猪圆环病毒灭活疫苗、水貂病毒性肠炎灭活疫苗等产品技术处于国际领先水平。

豪威生物科技公司建厂初期主要通过生产一些市场常规产品，借助母公司冀中药业集团的销售网络达到盈利目的，填补冀中药业集团产业链并为以后的发展打下基础。然而随后的两年中，兽用疫苗行业发生了很大变化：一是国家宏观政策变化，国家有关部门不再对传统转瓶细胞生产线进行兽药GMP验收，使企业在建项目面临风险；二是用户群体对兽用疫苗产品的性能要求越来越高；三是国内兽用生物制品企业竞争越来越激烈，从原来的88家迅速扩至108家，而企业产品同质化特别严重。因此，豪威生物科技公司迅速做出反应，及时调整产品发展方向，由低端产品市场向高端产品市场转型。

豪威生物科技公司成立时，兽用细胞类疫苗产品以全病毒疫苗、转瓶培养细胞生产工艺为主，从2013年开始，国内外研发机构、生产企业纷纷采用悬浮培养技术生产全病毒细胞苗及亚单位细胞苗，这些先进技术不仅能够实现疫苗抗原表达量高、纯度高、安全性高等特点，而且能够降低生产成本，降低产品污染的风险。在此情况下，企业及时升级工艺设备，将原来两条传统工艺生产线，升级为新型的悬浮培养细胞生产线，能够满足基因工程亚单位细胞苗的生产，同时也能将原来的全病毒细胞苗从转瓶培养工艺升级到悬浮培养工艺，提升了产品的市场竞争力。豪威生物科技公司迅速扩大生产规模，投入大量资金，用于改造冻干机、高压灭菌器、生物反应器、自动接种机、自动收获机、孵化器、乳化罐、灭活罐等设备，引入了活疫苗细胞线、活疫苗鸡胚线、抗体生产线、灭活苗细胞线、灭活苗鸡胚线、灭活苗细菌线共6条生产线，产能设计规模为年产80亿剂动物疫苗，其中冻干活疫苗54亿剂、灭活疫苗11亿剂、卵黄抗体15亿剂。

在转型升级过程中，豪威生物科技公司建立了新型动物疫苗研发中心，由规模化细胞培养工艺实验室、大规模病毒培养实验室、新型工艺实验室、综合检测实验室等分门别类的专业实验室组成，引进研发人员16人，为疫苗的研发和技术改进提供了技术环境。同时，依托企业的成果转化平台，积极与各大高校和科研院所建立良好的合作关系，提高技术成果转化能力。豪威生物科技公司分别与中国农业大学、北京畜牧兽医研究所、江苏国家兽药工程中心、山东省农科院、军事医学科学院兽医研究所等单位开展了密切的研发合作，实现了系列的技术研发与成果转化。为进一步扩大技术研发体系规模，豪威生物科技公司还致力于与浙江大学、南京农业大学、中国疾病预防控制中心病毒研究所等单位达成研发新型动物疫苗的合作意向。

本着打造高品位团队，贡献高品质疫苗的经营理念，豪威生物科技公司特别注重专精特新产品及技术的研发，为形成自主知识产权不断努力奋斗。企业与中国农业大学联合开发出鸭浆膜炎二价灭活苗。鸭浆膜炎是养鸭业常见的鸭病之一，鸭浆膜炎二价灭活苗市场需求旺盛。企业借此主导产品建立鸭苗系列，迅速占领具有40亿市场份额的水禽市场。同时，针对水貂肠炎在养貂场发病多、危害大的特点，与军事医学科学院兽医研究所合作开发杆状病毒水貂肠炎灭活疫苗，该项产品打破了国内水禽疫病防控长期依附鸡用疫苗的免疫模式。除此之外，豪威生物科技公司还通过自主研发、合作开发、技术转化等多种研发模式，紧密结合市场需求，面向经济动物，如鸭传染性浆膜炎二价灭活疫苗、鸡新城疫、减蛋综合征、禽流感、猪圆环病毒等专业化疫苗系列专利产品的开发转让，不断提升产品的市场竞争力。

针对当前兽药制剂技术含量略低，门槛较低的普遍现象，豪威生物科技公司决定投资高端疫苗行业，提高企业的品牌含金量和技术层次，增强集团的市场竞争力，实现向新兴产业的战略转型升级。豪威生物科技公司投资8100万元完成生物制品生产GMP车间、GMP级净化动物实验中心及附属设施的建设。该实验中心是国内生物制品行业内最高净化级别、最大的动物实验中心之一，在满足企业生产和研发工作需要的同时，可以为从事生物制品研究的大学和科研机构提供动物实验平台，促进产学研的结合和提高新型生物技术产业化的进度。为实现动物疫苗产业化基地的定位，豪威生物科技公司决策层还选取长期工作在一线的技术人员组成基础建设队，全程参与GMP车间和研发综合楼的建设，实现基础设施合理配置。此外，兽药行业存在重销售、轻服务咨询的问题，为此企业加大了对咨询服务和检验检测服务的力度，以弥补行业发展的短板。豪威生物科技公司筹建动物疫病诊疗中心和养殖场免疫检测服务中心，实现服务本企业客户的同时也可作为第三方检测机构，面向整个养殖业市场提供社会化服务。为提高咨询服务质量，豪威生物科技公司特引进留学美国多年的生物技术博士后担任总经理，用国际先进的研发理念主导新产品研发转化工作，推动研发的前瞻化和科技核心化。

2014年，豪威生物科技公司进入全面营销市场调研阶段，建立电子商务计划。企业市场部人员调研发现，以畜禽为主题的网络平台尚未形成，兽药行业仍以传统的门店式销售为主。为创新兽药销售渠道，企业决策层当机立断，投入资金建立电子商务平台，开展网络经营，提高市场份额。为提高售后服务质量，建立与客户的长久联系，建立客户会员登录系统，便于有效采集客户信息，建立客户档案。同时，采用网络直销、网络培训以及网络诊断咨询服务等方式，让客户体验一站式专业化服务，使客户免受假药困扰，还可以鼓励客户对服务进行评分。电子商务平台的使用和推进，为企业获得更具体、直观的产品销售、服务信息，及时调整和修改工作思路和方案提供了便利。

通过转型升级，豪威生物科技公司已建设起国内行业内生产工艺最先进的 GMP 动物生物制品产业化基地，生物制品行业内最高净化级别、最大的动物实验中心，以及国内一流的新型动物生物制品研发中心等基地，构建并完善了自主研发、成果转化的技术体系，初步实现了疫苗产业化。通过与中国农业大学等单位合作，引进国外博士后，顺利实现向高端产业链条延伸，实现向新一代生物医药战略性新兴产业过渡。

（二）天津市尖峰天然产物研究开发有限公司

天津市尖峰天然产物研究开发有限公司（以下简称“尖峰天然公司”）位于天津经济技术开发区，成立于 1999 年 12 月，是由上市公司浙江尖峰集团在津投资建立的股份制企业，占地 40000 平方米，厂房面积 16000 平方米。尖峰天然公司作为全国最大的专业水果提取物生产厂家，始终以 Just From Natural（源自天然）作为产品理念，长期致力于研究、开发、生产和销售新型天然产物，涵盖天然植物提取物、天然果蔬粉、天然色素、健康食品加工等多种产品。尖峰天然公司拥有员工 116 名，其中专门从事天然果蔬提取研究工作的技术科研人员 24 名，成立了行业内的第一个博士后科研工作站，并承建了天津市植物废弃物再利用技术工程中心，同时获得了天津市企业技术中心认定。主持承担了十几项国家星火计划项目、国家重点新产品项目、天津市科技计划项目及委托项目等，获得省级科技进步一等奖 1 项，二等奖 1 项，市级科技进步三等奖 2 项。尖峰天然公司的技术实力和科技创新能力均处于国内领先水平。

随着对天然植物提取物的深入研究和健康的日益关注，人们对天然植物提取物的需求日益增长，作为天津支柱产业中的生物医药产业的重要环节，植物提取正以朝阳工业的气势迅猛发展，已初步形成了植物提取集聚的产业特色。尖峰天然公司的产品生产研发已达到较高水平，但随之而来的问题也使企业面临严峻的考验。主要问题包括企业产品是以农产品加工废弃物为原料，而原料农药残留超标；产品品种单一、规模小，已有技术设备无法满足扩大生产需求；检验检测设备缺乏，难以确保产品达到质量标准。尤其随着企业发展，越来越多的产品欲打入美国、欧盟市场，而国际市场对农药残留、重金属残留的要求非常严格，现有检测条件无法完成上述质量标准控制要求。这一系列问题，成为企业发展壮大的绊脚石，限制了产品的市场扩大，严重制约了企业的发展，近几年来企业的销售收入一直未跨过亿元关口。尖峰天然公司面临着严峻的挑战，压力重重，转型升级迫在眉睫。为解决面对的难题，尖峰天然公司总投入 3400 万元进行技术改造，分别进行实验室升级改造、膜分离技术在人参皂苷提取中的应用、新型纯天然果蔬粉制品车间的建设等项目。

尖峰天然公司投入 200 万元进行实验室改造，从国外购置引进原子吸收光谱仪、气相色谱仪、高效液相色谱仪等多台具有先进水平的现代化检测分析仪器，生产过程中严格按照 GMP、HACCP 质量管理体系进行监测、全程质量监控，其中原子吸收光谱仪用于产品中重金属（铅、砷、汞、镉等）的检测，气相色谱仪用于产品中残留农药的检测，保证了产品农药残留和重金属两项指标符合国际标准。同时，企业还严格控制产品的外在品质，专门配备了全能分光色差仪：Color - Quest XE，解决了困扰植物提取物行业不同批次产品色差较大的常规问题，按照客户指定标准，严格控制 L，a，b 值，精确控制产品的外观。通过这些进口精密检测仪器的引进，从源头控制产品质量，通过自己检测、外检相结合控制产品质量，确保产品加工过程中原料、生产、中间体、包装和出厂检验等各个环节的安全性，保证产品质量符合或优于国际标准，为成功突破国际贸易壁垒奠定了坚实的基础。

尖峰天然公司已拥有发明专利 10 余项，其中针对提取物中的农药残留这一行业的技术难题，发明了一种去除植物提取物中残留农药的方法（ZL2009 10228677. X），将这一专利成果加快转化应用，可以将提取物的农药残留量，从 PPM 级降到 PPB 级。而且在去除了植物提取物中农药残留的同时，能够保留其有效成分，从而很好地解决了提取物中农药残留的技术难题。尖峰天然公司已将此技术成功应用于苹果提取物、人参提取物等产品的生产中，农药残留符合中国 GB、美国 USP、欧盟 CAC 等标准。尖峰天然公司的其他专利也陆续开始实施转化，企业产品研发生产水平有了显著提升。

随着世界范围内食物中毒事件的显著增加，欧美等国家对食品安全的重视度日益提高，国际市场对中国供应商的要求越来越严格，准入门槛也越来越高。尖峰天然公司坚持以稳定的供应稳定的产品打造核心竞争力，始终以药品制造业的管理观念严把食品质量关，建立了一批由药学、食品学专业人士组成的生产管理、质量管理团队，制定了严格的 SOP 操作规程，配备了高效液相色谱仪、高效气相色谱仪及 GCMS 联用色谱仪等多台进口精密检测仪器，确保企业每一批产品质量稳定达标。尖峰天然公司作为首批通过美国 cGMP 认证的中国企业之一，产品远销欧洲、美洲、大洋洲及日韩等 57 个国家和地区，成为许多国际知名食品、药品、饮品健康公司的长期原料供应商。“尖峰天然”（JF－NATURAL）品牌已成为国际植物提取物市场中质量的代名词，质量信誉处于行业领先地位。

尖峰天然公司投入 200 万元，进行了膜分离技术在人参皂苷提取中的应用的项目建设，对现有产品的生产工艺进行改造升级。该项目将膜分离设备用于人参皂苷提取纯化的过程中，具有传统设备无法比拟的优越性能：在常温下进行，有效成分损失极少，特别适用于热敏性物质的分离与浓缩；无相态变化，保持原有的风味；无化学变化，典型的物理分离过程，不用化学试剂和添加剂，产品不受污染；选择性好，可在分子级内进行物质分离，具有普遍滤材无法取代的卓越性能；适应性强，处理规模可大可小，可以连续也可以间隙进行，工艺简单，操作方便，易于自动化；只需电能驱动，能耗极低，其费用约为蒸发浓缩或冷冻浓缩的 1/3～1/8。通过项目的实施，大幅提升了产品性能，提高了产品的国内外市场竞争实力。

尖峰天然公司投资 3000 万元，建设新型纯天然果蔬粉制品车间，利用压力式全封闭连续果蔬粉自动化生产线，开发苹果粉、桃粉、葡萄粉、草莓粉、蓝莓粉等新型果蔬粉产品。建设项目内容包括厂房建设、生产线设备购置、基础设施及环保工程，其中厂房包括汁粉车间，提取、喷雾车间，净化车间和包装、充氮车间等；设备包括真空干燥、微粉制粒、混合过筛、自动包装机等现代化的食品工业的尖端设备。项目建成后，利用压力式全封闭连续果蔬粉自动化生产线开发新型果蔬粉，果蔬粉日生产能力达2000千克。通过新型纯天然果蔬粉车间的建设，尖峰天然公司现已形成上百个品种的产品体系，其中葡萄系列、黑豆系列、玉米系列、大豆系列、白藜芦醇系列、天然产物单体标准品系列、健康食品系列，已成为支撑企业运营和发展的主力军。

实施转型升级后，尖峰天然公司还针对天津市及环渤海地区的发展特色，联合天津药物研究院、天津科技大学、南开大学药学院、沈阳药科大学等知名院校，开展植物提取新产品和新工艺的研究，推出具有国际市场竞争力的系列专精特新产品。尖峰天然公司已成为中国最大的葡萄籽原花青素生产厂家，同时企业开发出了一系列国际上最流行的、功效确切的保健品原料：苹果提取物、葡萄籽提取物、白藜芦醇、叶黄素和玉米黄质、花青素、根皮素、人参提取物、大豆异黄酮等。尖峰天然公司目前已成为国内外知名厂商在植物提取物领域的首选合作伙伴。

三、石油化工业

（一）天津百利展发集团有限公司

天津百利展发集团有限公司（以下简称“百利展发集团”）成立于2008年3月，由始建于1959年的国有企业改制而成，占地面积180余亩，注册资金达1亿元。百利展发集团主要生产石油、炼化、天然气等行业所需的中高精端阀门产品及石油（气）装备。下设经理室、企管部、财务部、技术研发部、营销管理部、生产部、品保部、采购部及外贸部，共有员工320人，其中技术人员60名。百利展发集团已通过ISO 14001:2004 + Cor. 1:2009、ISO 9001:2008、ISO OHSAS 18001:2007等质量管理体系认证，被授予天津市高新技术企业和科技型中小企业、天津市专利试点单位等称号，技术中心被认定为天津市级的企业技术中心，拥有生产及检测设备370多台（套）。百利展发集团自成立至今经营规模快速发展，资产总额稳步增加，成为中国北方最具规模的集研发、制造、检测和服务为一体的大型石油装备及高端阀门产业基地。

百利展发集团作为以生产石油、炼化、天然气等行业所需中高精端阀门产品及石油（气）装备为主的企业，虽多年聚焦于中石油、中石化、中海油三大油市场，但一直止步于石油产业链上游与下游低端市场，随着市场竞争的加剧，中低端阀门订单急剧下滑，重点用户对高档阀门的需求量骤然上升。而从全球范围看，高端工业阀门产品市场主要由欧洲、美国、日本等国阀门行业的国际领先知名大企业占据。2013 年始，阀门市场需求总量大幅度缩减，百利展发集团由于产品技术含量低、产能低、附加值不高等原因，使企业发展面临困难。为此，百利展发集团根据自身的优势，通过分析国内外市场，确定了专注石油石化行业进行自主创新研发，打造专精特新产品的思路。

百利展发集团制定了《2013—2015 年创新发展规划》和《阀门产品结构调整实施方案》，建立完善创新驱动、集约高效的经营管理机制，明确了以市场为导向的“全力开拓市场，全力降低成本，全力做精产品”的发展战略，对成熟的石油市场，进一步提升产品质量，提高产品性价比，提供优质服务，挖掘客户的潜在需求，不断稳固扩大现有市场的份额，对非油田客户实行接单原则，对产能低、消耗大、附加值低的产品逐步减少接单，这样，可以更好地集中优势资源，全力主攻三大油市场和神华集团等高端化工集团客户，大幅提高网点覆盖率，推进供应商和代理商管理模式创新，降低供应链整体成本，在做精做细优油产业链市场的同时，开拓煤化工等新客户市场，不断优化客户结构，保证企业稳健发展。

企业要增强竞争力，提高效益水平，就要努力挺进高端市场，敢于直面国际化大企业。参与国际市场竞争，就必须按国际标准开发和生产阀门产品，向国际化靠拢。经过分析，百利展发集团将研发方向瞄准用于高精端石油（气）采集输、煤化工、多晶硅的特种密封阀门产品，用于现代能源 LNG 和 CNG 的低温阀门产品，用于制氧及高腐蚀环境的高合金阀门产品等。公司投入 300 万元研发资金，实施豪克能金属表面加工的技术改造项目，对传统加工工艺进行大幅改进。过去采取的车后磨削和镀层加工方法，不仅加工效率低、成本高，而且使用的磨削液和镀层液对环境都有污染。采用新研发的豪克能金属表面加工方法，主要原理是利用金属在常温下的冷塑性特点，运用豪克能对金属表面进行无研磨剂研磨，使金属表面达到更理想的表面粗糙度要求，不但提高了阀杆、阀座、轴等零部件表面的显微硬度、耐磨性、密封性、疲劳强度和使用寿命，而且较好地解决了环境污染问题。该方法可一次成型，密封部位表面的粗糙度可达Ra0.2，零件表面显微硬度提高20%以上、耐磨性提高50%以上、耐腐蚀性提高40%以上、加工效率提高3倍以上、使用寿命提高6倍以上。新品研发的成功使企业产品步入大口径、高参数、智能化的轨道。

企业以往在油田注水系统中，采用一般型的节流截止阀，以调节流量，提高单井注水驱油，但使用的效果不佳，不能满足精细化生产要求。为解决上述问题，百利展发集团开发了恒定流量截止节流阀，该成果为国内首创，技术含量高，可用于采油注水系统注水泵前、采油采气井口、油气输送管和石油炼化等装置上，能够大幅增加石油产量。企业及时申请了发明专利，确保了研发成果在领域内的独占性。由于缺少加工专机、焊接设备、试验装置及专用工装等原因，该成果转化和批量生产受到了制约，影响产品迅速推向市场。为解决燃眉之急，百利展发集团加快启动恒定流量截止节流多用阀的产能扩建项目，及时购置了所需的相关设备，对产品扩产建设中的关键问题进行了攻关，很快实现了产品的产业化，满足了市场需求。此外，特种平板闸阀和球阀两款产品的开发，也取得了可喜成果，高抗硫平板闸阀、高压锻钢平板闸阀被成功应用到中国天然气开采量最大且工况最为苛刻的西南油气田市场，年销售额达1000万元以上。管线球阀和全焊接球阀填补了企业产品在石油产业链中游市场的空白，形成批量销售，提高了企业核心产品的竞争力。

百利展发集团立足产品高端品牌定位，时刻关注国外领军企业产品研发动向和标准，并及时注册7个相关企业标准，保持了高端制造优势，积极与国际市场接轨。为提高企业技术创新、产品研发方面的能力，增强技术人员的创新意识，百利展发集团建立了创新激励机制和管理制度，加强创新研发队伍建设，定期对技术人员和操作一线人员进行培训，加快了产品开发和生产进度，提高了产品设计和生产质量。企业建立起了一支由多名从事石油设备、高精端阀门产品设计的专家和一批年轻的工程技术人员组成的科研队伍，形成了生产一代、储备一代、开发一代的长效创新机制。公司还加强了管控体系建设，为企业实现技术创新、质量保证、品牌建设、企业文化、激励考评、风险评估、信息化等提供了有力保障。

百利展发集团通过实施专精特新的发展战略，加快推进研发创新、提升改造、专利引导、人才培养、规范管理等一系列措施，取得了良好的预期效果。企业产品的品质、市场占有率、交货及时率大幅提升，赢得了企业的信誉度和客户满意度，确保产品稳定在市场的领先地位，使百利展发集团保持了中石油、中海油、中石化的核心供应商地位，并相继取得了华北油田、辽河油田、唐山钢铁、神华集团、神华宁煤集团、汇能集团等市场准入证，建立了长期供应关系。以恒定流量截止节流多用阀为代表的新品产量已占企业全部产量的15%，新增产值1500万元，创利税217.5万元，解决就业55人。新工艺的采用还降低了加工成本，减小了环境污染，提高了企业产品在市场竞争中的技术优势，综合经济效益显著提高。

（二）天津宏泰化工有限公司

天津宏泰化工有限公司（以下简称“宏泰化工公司”）前身为蓟县七〇二联营厂，2005年依据国家关于国有企业产权制度改革的精神，实施了增资扩股的企业改革方案，改制为天津宏泰化工有限公司。2007年由北京京煤化工有限公司控股66.7%，成立了新的宏泰化工公司，成为国有控股企业，隶属于京能集团。宏泰化工公司注册资本4221万元，占地面积40.6万平方米。宏泰化工公司是天津市唯一一家由国家批准定点生产民爆器材的企业，主要从事乳化炸药制造、现场混装多孔粒状铵油炸药、民用爆破器材技术服务。目前，年产炸药量达到15000吨，涉及乳化炸药、现场混装铵油炸药等多规格系列产品。产品主要销往天津、北京、河北等地，并出口南非等国家和地区。

近年来，宏泰化工公司虽然在技术改造，创新发展及生产经营管理方面做过一些尝试和努力，但由于过去简单的手工作坊式生产，规模小、生产设备自动化程度低、产品的技术含量和工艺水平均存在较大的差距。生产安全性、可靠性得不到保障，使得产品的质量和生产成本缺乏市场竞争力，制约了企业的快速发展。企业领导者在激烈的市场竞争中，敏锐地意识到，对现有产品进行技术改造、提升、转型升级势在必行。

民爆行业作为高危产业，安全生产是第一要务，民爆装备是民用爆炸物品安全生产的重要保障。宏泰化工公司实施了复配式胶状乳化炸药扩大产能项目，采用自动化、信息化技术，对原有乳化炸药生产工艺、装备进行了升级改造，实现了民爆行业共性关键技术的新突破。有效地提高了生产过程中的在线检测、质量控制水平，增强了生产工艺和装备的可靠性和安全性，危险作业场所的操作人员、在线存药数量明显减少。排除了危险因素隐患，产品技术指标的精确性、安全性、可靠性也显著提高，高危场所的本质安全得到保障。企业新建的工业雷管生产线更新改造，采用了国际、国内先进的生产设备和生产工艺技术，其中高强度导爆管生产线引进美国 WPC 公司生产工艺和设备。高强度导爆管自动生产设备也已投入使用。

近年来，宏泰化工公司与北京理工大学、辽宁工程技术大学、安徽理工大学等高校建立了产学研等多种形式的战略合作，提升了自主创新的软实力。其中申请发明专利 1 项，实用新型专利 6 项，促进了产品升级换代，使企业自主创新能力快速提升。宏泰化工公司和北京理工大学爆炸科学与技术国家重点实验室建立了紧密的产学研合作关系，通过协同创新，逐步形成了一批具有自主知识产权的核心技术成果。其中，乳化炸药生产线在线监测评价自控系统软件及乳化炸药在线密度快速检测系统科研成果，处于国内技术领先的地位。2014 年，宏泰化工公司将该成果成功应用到生产工艺中，显著提高了生产线的自动化、智能化水平。与北京柏创科技有限公司合作，研发了乳化炸药自动化流水作业包装技术，率先在国内乳化炸药生产领域提出了复合敏化技术理论，并建成第一条连续化复合敏化型乳化炸药生产线，突破了炸药生产领域的连续化、智能化控制技术。在炸药贮存期方面，国家标准贮存期为 6 个月。为满足客户对产品贮存期及爆炸性能指标的要求，该公司组织工程技术人员进一步攻关，在原有乳化炸药配方的基础上，研发了新的配方，在油相中增加高分子乳化剂，从而延长乳化炸药贮存期，使国内乳化炸药贮存期由国标（GB 18095—2000）要求的 180 天延长到 360 天，产品爆炸性能、安全性能均得到显著提高。采取复配式工艺技术后，炸药贮存期达到了 12 个月以上，高质量的产品获得了客户的认可。复配式胶状乳化炸药扩大产能项目的实施，为复配式胶状乳化炸药的安全生产提供重要保障，产品的产量和质量均能满足市场需求，显著提升企业产品的核心竞争力和市场占有率。目前，复配式胶状乳化炸药已在技改后的生产线上成功投产，取得了客户的广泛认可，达到了项目技术改造的预期效果。

宏泰化工公司新建的工业炸药和工业雷管生产线，均采用两化融合的最新成果。工业炸药生产线采用现场混装作业方式，利用地面辅助设施将原料装填到混装车上，由混装车在爆破现场配制、生产炸药，实时可控，无须仓库贮存炸药，消除了工业炸药生产、运输、储存过程中的不安全因素。生产工艺过程实现了危险作业工序无人操作，使在线存药量和固定操作人员大幅度降低，各雷管品种的生产工艺和设备均能达到自动添加药、自动在线检测、自动剔除废品、自动安全报警、自动安全联锁、可靠防止工序间殉爆的技术水平。

宏泰化工公司在加强技术改造和科技创新的同时，努力向科学管理、规范，制度、机制健全的现代企业转型。建立了完整的安全管理体系，安全保障体系、安全预案体系和安全教育培训体系。通过了国家质量、环境、职业健康安全三标管理体系认证，产品质量经国家民爆器材检测中心检测均为合格产品。在人才的激励上，企业鼓励学历低、工作年限短的技术人才脱颖而出，甚至初中毕业的技术人才被聘为了高级工。为鼓励年轻技术工人参与技术创新管理，宏泰化工公司制订了青年技师评聘办法，每年进行评聘，使这些人员在企业技术创新中发挥了重要作用。公司还开展首席员工、首席技术员、首席工程师的评聘活动，对专业综合素质较高、业绩突出的人员按聘期给予一定的津贴，鼓励员工掌握和提高技术，引导员工钻研技术，潜心发展专业技能，不断充实企业的专业后备人才队伍。

通过转型升级项目的实施，宏泰化工公司的工业炸药年生产能力达到15000 吨，工业雷管年生产能力达到 3000 万发，产品品种扩大到乳化炸药、现场混装铵油炸药、电子雷管、电雷管、导爆管雷管等系列规格和品种。业务范围扩大到民爆器材研发、生产、经营、技术服务、民爆物品仓储服务、民爆行业的技术培训等。通过技术改造项目的实施，使生产线的自动化、信息化、智能化、本质安全化水平得到显著提升，实现了工业化和信息化的深度融合，达到国家对民爆行业发展要求。企业在实现产能、销售收入、利税增长的同时节约了煤、电资源，降低成本、减轻工人的劳动度、减少操作人员风险。宏泰化工公司被国家工商行政管理总局授予全国守合同重信用企业称号，其生产的复配式胶状乳化炸药产品也被认定为天津市专精特新产品和撒手锏产品。

（三）天津美迪亚影像材料有限公司

天津美迪亚影像材料有限公司（以下简称“美迪亚公司”）是在原天津感光材料公司的基础上改制而成的民营高技术企业，2004 年 3 月注册成立，注册资金 500 万元。美迪亚公司生产基地设在天津陈塘科技商务区内，占地面积 3000 平方米，建筑面积 13000 平方米。美迪亚公司设生产部、事业部、研发部、销售部、财务部和内勤部等部门，现有职工 155 人，其中大专以上学历 58 人，硕士 2 人。美迪亚公司属于精细化工、感光材料行业，其主导产品是工业用、医用射线胶片和印刷制版胶片等，产品应用于无损检测、印刷印染、医疗影像等领域。美迪亚公司主导产品为天津牌工业、医用射线胶片，连续多年获得天津市著名商标和名牌产品。企业通过了 ISO 9001 质量管理体系认证，被认定为天津市科技小巨人企业。天津市影像材料企业重点实验室依托企业设立。

改制后的美迪亚公司把市场目标瞄准在国际著名企业的工业用、医用射线胶片和印刷制版胶片等高端产品上，但是这个市场一直被国外产品垄断，要打破这个局面，必须解决企业自身核心技术产品缺乏、研发能力不足、装备工艺落后等一系列问题。为此，美迪亚公司决定依靠加强技术产品研发、提升工艺设备水平等举措，大力培育发展国际化、高端化的专精特新产品。

美迪亚公司经过大量市场调查，认真分析了企业主导胶片产品与国际著名企业产品的差距，确定利用现代涂布技术工艺，满升影像输出材料的主攻方向，加大研发投入，先后开展了一系列产品研发。特别是 IVc 型工业射线胶片的研发项目，采取自主创新设计，并与高等院校合作，针对关键的涂布材料进行攻关，达到国际先进工业射线胶片的水平，完全可以替代进口产品。该产品的成功研发和投产，大大提高了国产工业 X 射线胶片的技术水平，实现了与世界 500 强企业在同一市场内竞争销售，打破了国外进口工业射线胶片对中国市场的垄断，对保障国家能源、军工和国防的战略安全具有重大意义。

美迪亚公司在稳固天津牌低银快速医用 X 光胶片在国内市场地位的同时，

积极瞄准现代医学影像的发展前端 CR 及 DR 技术，开发新型医学数字成像材料，满足国内外市场需求，与世界500强企业比肩同一市场，使天津牌工业 X 射线胶片成为国内唯一品牌产品。公司投入小批量生产的适用高能射线和伽马射线无损检测专用胶片产品，达到世界著名的 AGFA 同类产品水平，获得了 3 项国家专利。产品一经投放市场就取得了明显的效果，年实现产品收入超过 1000 万元。美迪亚公司围绕现代涂布技术开发新型影像感光材料利数码耗材涂层技术及其产品，集中优势资源和能力，着力加强技术储备，发展配套关联产业，开发出新型防黏护膜技术、高光防水涂层技术、纳米微胶囊热敏材料等，均处于国内领先水平，这些技术储备为提高公司产品质量、实现产品结构转型打下了坚实基础。

转型升级前，美迪亚公司一直沿用原天津感光厂的 20 世纪 60 年代的陈旧设备，生产能耗大，产品品质得不到保证，难以满足与国际品牌竞争的高水平技术要求。为此，美迪亚公司加快了技术装备改造提升。为缓解一次性改造投入资金缺口压力，企业采取了突出问题先期解决的分阶段实施方案，首先对高耗能设备进行了改造更新，实现了节能降耗的预期效果，然后增加自动化设备，提高生产效率和生产能力，进一步完善产品检测装置，确保产品质量稳步提升，2013—2014 年共投入 500 万元资金进行了装备改造，实现了新产品工艺的流程再造，显著降低了企业运营成本。

美迪亚公司清醒地认识到技术灵魂是企业竞争力和发展动力的核心，产品开发和技术创新需要依靠优秀的人才团队。企业与上海交通大学、天津大学等高等院校签订了专业人才培养摇篮计划，为企业技术人才的培养和科研项目的开发提供了人才保证；与中国社会科学院理化研究所、上海交通大学等 9 所院校建立了 12 个专业实验室，特别是与上海交通大学建立的联合实验室，成为天津市产学研模式的样板，取得了多项专利和科技成果；根据美迪亚公司主导产品发展方向建设工业射线胶片、印刷制版胶片、数码影像涂层等专业技术实验室，借助天感孵化器内的影像材料生产力促进中心和数码影像输出评价平台的公共服务平台建设，吸引优秀专业人才，培养骨干队伍。通过与著名高校和科研机构的密切合作，美迪亚公司逐步形成在产、在研、预开发的不断创新发展模式，实现了多方位的智力引进，积极应用高校和科研机构的科研成果，加快实现产业化，为企业争取到了更大的发展空间。

美迪亚公司通过转型升级，开创出企业发展的勃勃生机，企业产品在工业探伤、医学影像和印刷照排等领域创出了名牌，升华了天津牌的含金量，主要产品国内市场占有率突破40%，成为打破国外技术产品垄断的中坚力量。实施技术创新和开发专精特新产品成为推动企业发展的巨大动力，新技术新产品不断产业化，给企业带来了良好的经济效益，更使企业具备了高增长性，高新技术产品占总收入的80%以上，企业进入了良性发展阶段。

四、交通运输业

（一）天津市顺达汽车零部件有限公司

天津市顺达汽车零部件有限公司（以下简称“顺达汽车公司”）成立于1991年3月，注册资金为1.15亿元，坐落于滨海新区大港中塘镇科学技术星火密集区，是专业研发、生产制造各种汽车零部件的现代化企业。顺达汽车公司主营汽车摆臂、汽车悬架、冲压件、隔热板等产品，主要为神龙汽车、北京奔驰－戴姆勒克莱斯勒、江铃汽车等公司配套，并于2014年3月正式成为一汽丰田供应商。

顺达汽车公司提出产品生产向自动化、高科技转型的发展战略，即通过企业自主创新，产品结构调整升级，形成人无我有，人有我新的专精特新产品。

顺达汽车公司投入1200万元，用于引进高端人才并建立产、学、研联合研发中心。先后与哈尔滨工业大学联合研发了500吨、2000吨内高压成型设备，与清华大学联合研发了稳定杆疲劳试验机设备。培养多名重点院校的毕业生入职企业，高薪聘请多名行业专家及具有多年经验的专业管理人员，创建了以总经理为学术带头人的研发团队，下设产品部，主要负责新产品开发，自主研发出新型自动旋转仿形焊机等一系列专精特新产品（技术）。

顺达汽车公司总计投资8600万元，共引进162余台设备，先后自主设计并优化改造了焊接、冲压和电泳车间的7条生产线，实现生产线的专线专用和流水化智能化生产。与此同时，利用机器设备把控产品的核心工序，利用先进的检测设备验证工艺，为新技术、新产品的研发产业化、市场化提供了保障。

顺达汽车公司先后自主研发了双头多轨仿形焊、一种全自动点焊生产线等一系列专精特新产品（技术），并申报专利 11 项。公司先后获得了 ISO 14001：2004 环境管理体系认证和 OHSAS 18001：2007 职业健康安全管理体系认证。

（二）天津凯发电气股份有限公司

天津凯发电气股份有限公司（以下简称“凯发电气公司”）是由 2000 年成立的天津新技术产业园区凯发电气成套设备有限公司改制而来，目前注册资本 13600 万元，主营业务为铁路供电及城市轨道交通自动化设备和系统的研发、生产、销售与技术服务。自成立以来，凯发电气公司一直致力于轨道交通领域自动化技术的应用与创新，在产品核心技术上均掌握自主知识产权，目前拥有 19 项专利和 137 项软件著作权。这些知识产权直接应用于其主营产品，服务于用户，构成企业技术核心竞争力。凯发电气公司作为国内相关行业技术标准的制定者之一，参与了《电气化铁路牵引变电所综合自动化系统装置》等行业或国家标准的制定。企业拥有计算机信息系统集成企业二级资质、安防工程企业一级资质、建筑智能化工程专业承包三级资质，已通过质量管理体系、环境管理体系和职业健康安全管理体系认证。被认定为国家级高新技术企业、国家火炬计划重点高新技术企业、天津市企业技术中心、天津市科技型中小企业及科技小巨人企业。所用商标 Keyvia 凯发获得天津市著名商标称号。

凯发电气公司主要面向铁路和轨道交通提供电气化、自动化和信息化的整体解决方案、产品和服务，当年因其原创团队来自于中铁电气化勘测设计研究院，故而对行业技术发展有着较为清晰的认识，初创阶段取得了较快的发展。随着新技术的不断涌现，相关产品更新换代速度也在日益加快，市场竞争程度愈加激烈。企业的产品高度集中了计算机、通信、网络、电力电子、供变电、继电保护和自动化等高新技术，技术研发和创新的难度加大，特别是随着铁路和城市轨道交通的高速发展，对产品和服务要求标准越来越严格，产品更新周期越来越短。借助国家自主创新科技战略的大力实施，凯发电气公司所在行业的技术开发和应用进入了崭新阶段。凯发电气公司需要不断进行新技术、新产品的研发和技术改造升级、扩能，才能赶上技术日益更新和轨道交通业大发展的步伐。为此，凯发电气公司采取了一系列措施，实现了成功转型升级。

凯发电气公司投入了数百万元进行专精特新技术和产品的开发，自主研发升级了电气化铁路综合自动化系统。该系统是针对铁路变电站的电力运行信息及设备运行情况，执行保护、控制、测量、监视等功能的综合性自动化系统。目前该系统已形成 9 项专利，28 项软件著作权，产品技术水平达国际先进水平，被认定为天津市专精特新产品，获得天津市科技进步二等奖、国家重点新产品等奖项和荣誉称号。此外，充分利用国内外高校及科研院所资源开展技术合作，与俄罗斯 NIIFA 公司合作开发 KF1100 直流断路器；与天津电气化勘测设计院合作研制了基于受电弓图像识别的接触网状态监测技术与装置；与天津天祥世联网络科技有限公司合作研制 KF3108 视频监控人脸识别系统；与中铁第三勘察设计院合作研制 KF1210 固态绝缘开关；与中铁第四勘察设计院合作研制 KF6220 变电站辅助监控系统，借助合力增强了企业的研发创新能力。

为了加快科技成果转化和扩大产能，企业投入上亿元进行了产业化基地建设，完善了供电产品生产线、供电自动化装置装配线；新建供电自动化系统调试线，提高了供电自动化系统调试测试能力；购置了高压远程监测电流测量仪、光数字继电保护测试调试系统等设备，建成电磁兼容、环境实验及仿真测试实验室，完善实验室条件，提升实验能力；采用先进的计算机及互联网技术，搭建兼容既有供电自动化系统和未来智能变电站的硬件平台和分布式网络软件平台，为未来支持多种行业应用预留了空间。产业化基地建设促进了科技成果转化能力的提高，公司陆续实施轨道交通综合监控系统、轨道交通综合监控系统、轨道交通综合安防系统升级产业化项目。2014 年凯发电气公司完成了 KF1300 直流保护和 KF6220 牵引变电所辅助监控系统等 10 多项系列新产品开发和成果转化，有 3 项成果通过鉴定达到了国际先进水平，有 4 个成果属于当年开发产品当年实现批量销售。

铁路和城市轨道交通行业的产品和服务采购一般采取政府招标方式，获得订单除了产品和服务具有明显优势之外，企业综合实力强大也是重要决定性因素。面对大的承发包需求、面对国内外同行业大企业竞争，企业必须在资产、资金、品牌、技术服务等综合能力上更加突出，才能取得绝对的优势。由于IPO对公司扩大资本、规范管理、提升价值、塑造形象等方面具有立竿见影的效果，所以凯发电气公司决定着力进行IPO，确定了在深交所创业板上市的目标，设计了公司股份制改革和IPO方案，制订了战略发展规划，对凯发电气公司进行了全面系统的股改，优化了股权激励方案，规范了企业治理，最终在顺利通过中国证券会创业板发行审核委员会审批后成功在深交所创业板上市。

凯发电气公司通过加快改造提升设备工艺、研发专精特新技术产品、实施管理提升战略等措施，迈上了一条快速发展通道。凯发电气公司实施自主创新战略，不但保证了其现有产品的优势，也为其后续发展储备了先进的技术和产品。实施IPO战略过程中，企业进行了严格的公司治理，建立了现代化管理制度和财务体制。通过建立股权激励机制，优化了公司股权，使得员工与企业的发展紧密结合，更加有利于引进和留住优秀人才。IPO成功使凯发电气公司的资产价值、信用度显著提升，增强了融资能力，为其实施研发基地、产业化基地建设和开拓产品市场提供了资金保障，企业资产质量和盈利能力快速提升。

（三）天津市瑞普天晟汽车零部件制造有限公司

天津市瑞普天晟汽车零部件制造有限公司（以下简称“瑞普天晟公司”），成立于2008年，位于武清区汽车零部件产业园，注册资本3000万元，是一家经营汽车零配件制造、加工、销售的民营企业，主要产品有气门摇臂、气门挺柱、填隙片、机油泵总成、飞轮总成、齿轮、减震皮带轮、涨紧器、汽油发动机缸体、柴油发动机缸体、缸盖。瑞普天晟公司占地面积4.18万平方米，厂房面积2.5万平方米，职工475人，其中高级管理人员13人，高级工程师2人，专科以上员工占企业人数的70%以上。现有加工中心、数控车床、高精度无心磨床、滚齿机等机加工设备600余台，其中包括国内最先进箱式炉热处理生产线、摩擦压力锻造生产线、冷挤压生产线、真空消失模铸造自动生产线、壳型铸造生产线。瑞普天晟公司内设研发部，其研发的柴油发动机缸体、气门挺柱处于国际领先水平。企业坚持以信誉求发展，以质量求生存的理念，经过短短几年努力，先后开发了比亚迪 483 汽油发动机缸体、412 发动机缸体、4110 柴油机缸体、473 减震皮带轮、421 排气支等 10 几种铸造产品，是比亚迪发动机有限公司、浙江吉利汽车发动机公司、哈尔滨东安动力、重庆力帆汽车发动机公司、重庆东风小康发动机公司、众泰汽车发动机公司、四川绵阳发动机公司、一汽夏利内燃机分公司等国内知名汽车制造业企业的定点配套商。2011 年被认定为天津市科技型中小企业。

面对国内外汽车市场的激烈竞争，汽车零部件加工制造的精度和科技含量的标准要求更加严格。传统的刚性生产工艺已经不能满足发动机的技术要求，企业必须加快改进技术工艺装备，提高产品科技含量与附加价值，以满足客户的需求。为此，瑞普天晟公司针对原有生产设备缺陷，与知名品牌厂商协作开发新的发动机缸体建设项目，并针对铸件出现的常见问题进行技术研发，提升产品性能和稳定性；开展专有技术的研发，以此增强企业配件产品的竞争实力；设立专项资金，对电炉设备进行改造升级，采用节能环保型电炉，并对废弃物进行回收处理，进行循环再利用。

针对生产汽车缸体铸件的技术难题和市场的需求状况，瑞普天晟公司多方筹措资金加大技术改造力度。在对汽车相关配件市场需求走高的情况下，投资 3000 万元进行可变气门正时驱动装置扩建项目，该项目在大量的实验检验基础上，突破技术难点，形成了 EPC 法生产缸体铸件的关键技术。瑞普天晟公司借助此技术同深圳亚迪签订技术保密协议，共同开发比亚迪 F6 发动机缸体 EPC 法。与此同时，瑞普天晟公司全力以赴加快消失模发动机缸体项目建设，设计出缸体高端产品铸造工艺路线，并使用白模分型方式，有效地避免了铸件内部出现气孔、缩孔、缩松、砂眼、夹砂、裂纹等常见问题，在消失模铸造技术上实现了新的突破，保证了铸造产品的质量。为满足发动机全工况的要求，瑞普天晟公司自行进行可变的配气相位设计，成功研发了 VVT 技术，改变了传统发动机中配气相位固定不变的状态，在发动机运转工况范围内提供最佳的配气正时，较好解决了高转速与低转速、大负荷与小负荷下动力性与经济性的矛盾，同时在一定程度上改变了废气排放。该技术使发动机的经济性、动力性和环保性得到了综合提高，符合国家对节能环保的要求。

在对生产技术进行研发创新的同时，瑞普天晟公司非常注重运用自主知识产权政策保护专利，制订完善了专利管理制度，从专利申请到使用、产业化等都有严格的规定，激发了员工创新的热情，企业的创新能力不断提升。实现申请《汽车消音器排气管与委管装饰管组件》《一种汽车内部支架》《一种汽车燃油箱》和《汽车用可伸缩雨刷》等专利，并已经全部投入使用，提供了企业科技创新转型的内驱发展动力。

在国家对节能降耗出台了刚性标准的情况下，企业面临着环境约束的新挑战，促使企业下定决心进行关键设备的改造升级，淘汰落后产能。为此，瑞普天晟公司建立了专项资金，建立节能环保长效机制，落实节能减排和淘汰落后的产能政策。针对电炉高耗电和废气排放问题，加大了项目改造力度，采用节能型 IGBT 中频感应电炉，降低能耗，并对生产过程中的气体进行抽真空集中处理，减少了尾气污染。对产生的工业废水，采取了集中工业区污水管网，在污水处理厂进行处理的做法，不仅节省了成本，其排放的废水可以时时集中检测，确保符合天津市《污水综合排放标准》（DB 12/356—2008）三级标准的要求，实现了达标排放。而针对生产中产生的工程噪声问题，公司采取了隔声降噪措施，噪声均达到《工业企业厂界环境噪声排放标准》（GB 12348—2008）3 类标准限值［昼间 65dB（A），夜间 55dB（A）］要求。尤其是针对工程生产过程中产生的废铁水、炉渣、废渣，采取了集中收取出售办法，给专门的物资回收部门进行废弃物的回收再利用。如将废旧包装材料交由物资回收部门回收，将收集的粉尘交由原材料供应厂家回收，将废涂料罐、废油漆桶循环使用。对不能回收再利用的，瑞普天晟公司进行无害化的再处理。经过一系列节能降耗和绿色环保措施的实施，降低了生产成本，美化了环境。

瑞普天晟公司经过对设备改造升级和对专有技术的研发，以及对节能降耗所采取的一系列举措，取得了可喜的成效。企业拥有国内先进的生产万吨真空消失模铸造生产线（EPC）、节能型 IGBT 中频感应电炉、多条自动流水加工铸造线及抛丸清理等生产加工设备，以及化学分析设备、硬度测试设备、金相检测设备、炉前热分析仪等检测设备，解决了设备老化的突出问题。同时，自主研发的气门挺柱技术和 EPC 法生产缸体铸件技术，处于国际领先水平，扩大了市场份额，提高了市场占有率。瑞普天晟公司改进的消失模发动机缸体项目工艺，提高了产品的稳定性能。项目中采用节能型IGBT中频感应电炉，工艺出品率较传统工艺高10%，铸件重量降低约5%。经测算，新研发的工艺每吨铸件节电约350度，按年产量1万吨铸件计算可节电350万度，节约电费约227.5万元，且减少了粉尘、烟尘和噪声污染，大大改善了铸造工人的劳动环境，降低了劳动强度。此外，该项目还简化了工艺操作流程，对工人的技术熟练程度要求大大降低。VVT驱动装置技术的推广，提高了企业在国内市场竞争力，打破依赖进口垄断的被动局面。瑞普天晟公司实现年新增汽车发动机可变气门正时驱动装置20万套，新增销售收入1600万元，新增利润250万元，新增税金72万元，新增就业人数50人。

五、能源材料业

（一）天津诺尔电气股份有限公司

天津诺尔电气股份有限公司（以下简称“诺尔电气公司”），注册于2005年9月，注册资金5112万元，坐落于西青经济开发区大寺工业园，占地面积35亩，建筑面积1.5万平方米，是一家致力于新能源和电气节能技术研究的高科技民营企业。诺尔电气公司下设营销中心、行政中心、技术中心、资财中心、诺尔传动电气设备公司等共5个部门及子公司，企业员工达到200余人，其中工程技术人员70余人，科技研发人员28人。诺尔公司有市级企业技术中心，拥有80余项发明专利。产品广泛应用于起重机械、煤炭、塑胶、建材、纺织化纤、油气钻采、石化和化工、造纸印刷、机床等行业领域。

诺尔电气公司过去存在着部分产品科技含量低、低档次、附加值低、品牌效益差问题，影响企业整体市场竞争力，针对这些问题，诺尔电气公司采取了一系列措施。

诺尔电气公司瞄准中高端低压变频器和软启动器市场，投入巨大的人力和物力积极研发新产品，提升产品科技含量，并挖掘企业内部生产潜力。从2012年6月就开展了电动机软起动器改造升级项目，之后又投入2035万元，启动实施了三相大功率光伏并网逆变器升级改造项目，研发出电压等级为220

伏，功率等级为0.75瓦的高性能低压变频器产品，使企业具备了从低压变频产品到高压变频产品种类的全覆盖，实现了产品的系列化。诺尔电气公司组建了中低压变频调速技术工程中心，培养并聚集了一批高素质的中低压变频调速技术带头人和技术骨干，由该中心牵头完成了内置旁路型电动机软启动器，运行稳定可靠，达到国际先进水平。企业还引进了热风回流焊机、数字存储示波器等一系列具有国际先进水平的现代化生产设备，替代淘汰了老旧落后的生产设备。

诺尔电气公司加强自主创新，着力在重点技术研发方面谋求突破。诺尔电气公司依托中低压变频调速技术工程中心，重点加大了无功功率补偿、有源滤波和软启动等方面的节能技术研究开发，取得了具有独立知识产权的计算机著作权6项，生产和技术专利13项。在电机控制计算机软件方面的研究也取得了积极进展，形成的智能马达节能控制中心，将自动化电机控制方案和集成架构相结合，提高了电机效率，节能降耗效果非常明显，特别通过智能马达中心将优势产品和销售、服务渠道打包，给客户提供优化的产品定制方案，改变了以往单一的产品销售模式。

诺尔电气公司在依靠自身力量开展自主创新的同时，也在积极探索加强与高等院校的全方位合作，尤其是在人才引进培养方面建立长期战略合作关系。诺尔电气公司已经与河北科技大学签订了相关合作协议，畅通了科技人才培养引进渠道，加强培养和推荐高素质、高学历、能力强的技术研发人员，为工程中心人才队伍建设提供了保障。同时从内部挖潜，发现并培养了一批具有长期的从业经历和丰富的行业经验的技术研发、营销等人才。除了技术人才团队的建设，企业市场营销团队建设也是非常重要的一环。诺尔电气公司结合产品特性和客户区域，以实施3+2营销战略，建立了市场营销网络。“3”即设计院推广、代理商销售、售后服务，“2”为区域覆盖+行业占领，在全国范围内建立市场网络和代理商以及售后服务机构。目前，已形成完整的体系，共拥有27个驻外办事处，47个代理商，在全国范围内形成了区域覆盖，通过整合后的销售网络为客户定制节能方案，渠道的兼容提高了销售团队的工作效率。

诺尔电气公司的技术升级实现了产品品牌化、系列化，再加上在全国各地铺设的销售大网络，能够及时为客户提供全套优化节能方案。销售网络的完全兼容提高了工作效率，其软启动器产品已经规模化应用于多个行业的各类项目建设当中，如中国航天城、国务院办公楼空调技改工程、中央电视台等国内冶金、化工、建筑、市政、建材、水利、交通等领域。诺尔电气公司的产品也已远销亚非等国，如阿尔巴尼亚20000吨液化气储配站、越南广宁玻璃工程、越南西贡造纸厂等。

（二）天津市卓兴金属带箔科技有限公司

天津市卓兴金属带箔科技有限公司（以下简称“卓兴科技公司”）成立于2011年8月，隶属于天津乐园集团，坐落在武清开发区金博工业园，占地130亩，注册资金2.66亿元，是一家主要经营有色金属及合金材料的冷轧压延、制造及销售的民营企业，核心产品为紫铜、黄铜的带材和箔材。卓兴科技公司的服务宗旨是给国内外客户提供最优质的产品，最优惠的价格，最优良的服务。作为华北地区唯一具有一定规模的箔材生产厂家，与许多知名厂商建立了合作关系，产品客户遍布线缆行业企业、软连接企业、变压器行业、冲压件行业、锂电池行业等多个行业，被认定为天津市科技型中小企业。

卓兴科技公司原租赁车间仅4000平方米，企业规模小，生产能力低，年产量仅300吨，且生产线设备单一，加工工艺不足，需要购买坯料进行轧制加工。设备无法进行表面钝化处理，致使产品质量偏低，氧化变色比较普遍，影响销售，年销售额仅2000万元。卓兴科技公司通过对铜产品市场的调查研究发现，目前我国大中型铜加工企业生产的铜带箔产品大多为宽度在508毫米以上、厚度在0.05毫米以上，而宽度在508毫米以下，厚度在0.02毫米~0.08毫米及以下的铜带箔产品，市场需求很大，现主要依靠进口，因此市场前景广阔。基于这种市场需求和企业自身发展状况，卓兴科技公司决定以厂房设备改造、技术创新研发为重点，加快企业转型升级。

卓兴科技公司投入4327万元进行新厂房建设，并重新规划生产布局，投资823.3万元购置前端生产设备及钟罩退火炉、表面清洗钝化机组。通过新增设备，把原来不完整的生产线填平补齐，改造成一条完整的带材生产线，实现了产品由水平连铸供坯，经冷轧、中间退火、带保护气强对流钟罩炉退火、表面清洗、拉伸弯曲矫直，最终剪切后直接包装入库。卓兴科技公司投资368.2万元，进行配电站、试验室、机修车间、压缩空气站、保护性气体站、循环水泵站、废水处理站、综合仓库等辅助设施建设，保障生产经营及产品质量。在设备改造中，以确保产品质量标准、立足生产国内一流铜板带材产品为准则，满足高、中高档次产品需求，精选优化设备配置，提高了生产效率，并降低了能耗。

卓兴科技公司设立专门技术部，负责解决生产中的技术问题及相关产品的研发工作，相继引进了一批高级技术人员，为保证研发和技术测试需要，技术部内又设实验室，进行常规产品和技术检测。为进一步提升技术研发水平和自主创新能力，卓兴科技公司积极与天津大学、天津理工大学合作，构建了产学研平台，促进技术研发、实验检测和成果转化。卓兴科技公司与天津理工大学合作研制的新型节能连续退火炉等项目，已获得武清区科委的项目资助。

卓兴科技公司十分重视自主知识产权的管理和运用，制定了《专利工作管理规定》，明确了知识产权奖励办法和考核体系，凡是在技术开发、产品改进、工艺改造等活动中原创的发明，都积极申请专利，及时保护自主知识产权。为提高技术人员的积极性，卓兴科技公司设置专项奖励资金。2014年年底，卓兴科技公司实现申请节能式连续退火炉、四辊可逆轧机的轴连接装置、自动式板料纵剪剪切机、金属板碎边纵剪的剪切机、六辊可逆轧机的螺丝结构、加固型燃烧炉等6项专利，全部为原创并都已投入使用。拥有了专利技术，极大地提高了公司自动化程度，改善了设备的分切能力及效果。

在转型升级中，卓兴科技公司实施董事会领导下的总经理负责制，推行现代企业管理制度，建立了科学灵活的经营机制，完善了行之有效的管理制度，顺利通过了ISO 9001:2008质量管理体系的认证。卓兴科技公司全面实施员工绩效与工资挂钩的薪酬管理体系，较好地激发了员工的热情。卓兴科技公司本着人才强企的理念，注重加强人才引进和培养，与天津理工大学等高校建立了长期的人才合作关系，定期举办专场招聘会，还定期举办培训班，对员工进行技术、管理和理念等全方位的培训，98%的员工都参加过相关的培训，有效地提升了员工整体素质水平。在新型设备引进之初，由于生产员工的技术和操作能力不匹配，生产中经常出现问题，卓兴科技公司及时联系设备厂家，派来技术人员对员工进行新技能的培训指导，对某些特殊工种员工安排脱产、半脱产培训，使全部生产员工都尽快达到了相应的技术水平和操作能力，更好地利用新设备和新技术，保证完成甚至超额实现生产计划。通过管理水平的提升，企业全员热情高涨，形成了一支专业突出、管理优秀的队伍。

卓兴科技公司通过增加清洗及钝化处理工序，产品质量显著改善，提升产品的品牌效应和知名度；通过自供坯料卷并进行中间备货，使得企业的生产经营自主性更加灵活，提高经营效益；通过添加设备补齐生产线以及结合专利技术改造设备，产能大幅提高；通过产学研合作，提高了技术自主研发能力，部分技术处于国内领先水平；通过构建现代规范的企业管理制度，提高企业的管理水平，激发公司内部活力。产品质量、技术水平和产能的提高，使企业及时抢占了高端市场，提升了品牌知名度，带动了主营业务收入等经济指标的上升，改善了企业经营效益。卓兴科技公司推出的0.05～0.03mm紫铜箔已在市场上取得良好口碑，部分产品达到国外进口产品的质量水平，受到了广大用户的青睐。卓兴科技公司设备改造升级后，增加销售收入3.2亿元，增加税金400余万元，增加利润1600余万元，增加就业岗位约150个。

六、日用消费品业

（一）天津飞马纺织有限公司

天津飞马纺织有限公司（以下简称“飞马纺织公司”）注册于2005年，坐落于天津京津电子商务产业园，注册资金500万元，是一家生产地毯的民营企业。

飞马纺织公司通过建立电商平台，发展电子商务，打造互联网+模式，实现了由传统企业向电商的转型升级。2015年，飞马纺织公司通过与专业电商及服务机构进行有效的整合，搭建了传统地毯企业垂直平台——毯诚网，成为国内首家地毯行业垂直电商平台，平台包括PC端、无线端、微信端，吸引了本地多家地毯商加盟。

飞马纺织公司凭借丰富的地毯加工制作以及经营经验，加上产业园区成熟的平台搭建、技术服务、整体运营、仓储配送方面的优势，集合了一个电商平台应具备的相关要素，把企业转型落到了实处。毯诚网上线当年“双11”单日订单量突破1万单，三个月营业额即突破1500万元，利润率提高至25%左右，为企业创造了巨大的经济效益。

（二）天津朗福服饰有限公司

天津朗福服饰有限公司（以下简称“朗福服饰公司”）于2010年4月注册成立，注册资本580万元人民币，总资产5580万元，位于宝坻区马家店镇，厂区总用地面积2.9万平方米。设有设计研发部、印花部、漂洗部、质检部、人事部、业务部、财务部，是集服装制造、染整技术研发、服装款式设计、加工、销售一体的现代服装制造企业，主导产品为儿童服装。现有员工总数136人，从事研发人员23人。朗福服饰公司本着以人为本、以质求存、恪守诚信、与时俱进的宗旨，坚持精益求精、精诚合作精神。

朗福服饰公司的前身为天津宝辉针织品有限责任公司，成立于2006年初，主要生产纯棉针织内衣系列产品，主要出口东欧等国。自2008年全球金融危机开始，企业主要出口市场受到了很大冲击，且国内市场拓展缓慢。面对困境，企业对针织行业进行了调研和分析，找出制约企业发展的因素主要是设备陈旧，产品技术含量低、档次低、附加值低。2011年公司迁址后，进行了脱胎换骨的改造提升。

朗福服饰公司于2012年开始启动纺织产品印刷生产线技术改造，2013年，投入30万元引进了一台全自动Rolang－RS640喷墨制网机，比传统菲林曝光制网明显提升了效率和精度，对提升印花产品质量也起到了绝对性作用。投入1000万元实施印花车间设备引进项目，包括X8－双轨平网印花机两台套、圆网印花机一台套、大型拉幅定型机三台套。X8－双轨印花机因其独特性能，解决了板框不规则造成的印花困扰，机械稳定、故障率低、精度高、节约能源，保证了原布的颜色和缩水率，印制效果优秀，轮廓线清晰，色泽饱满，立体感强。此设备的选用提高了产品质量，降低了加工成本，减少了环境污染，提高了企业产品在市场中的技术优势。

朗福服饰公司还实施综合改燃项目，先后投入500万元引进天然气接口，将正在使用的蒸汽锅炉、印花设备、定型设备及烘干设备全部使用天然气，避免了燃煤和燃油带给空气的污染，有效降低了排烟温度，节能降耗；企业在技术改造过程中获得多项相关专利，均在生产过程中起到了节能降耗、环保安全的作用。

为响应国家节能减排，环保第一的号召，朗福服饰公司与天津理工大学合作，在厂区内建立了一座大型污水处理厂，年污水处理量达2000立方米以上。同时投入1500万元改造了布匹漂洗生产线，共引进16台高温溢流漂洗机，优化染色配方，既降低了生产成本，又最大限度减少对环境的影响。

无论是在困境中还是在坦途上，企业都要随时为实现新的突破发展积蓄实力练好内功。朗福服饰公司在激烈市场竞争中，既向销售要效益，也向管理要效益，在调整产品结构、快速捕捉市场信息、努力满足消费者需求的同时，制订完善了一套适合自身特点的产品实现流程管理体系，从产品设计、制版到原辅料的采购及生产过程，都采用现代化、规范化、系统化的管理方式。例如工艺库优化、精细化计划调度、条码化车间跟踪 + 车间 WIP、全面优化采购策略、ERP 软件与各类自动化数控设备或 MES 的资料交互与信息沟通、全程进度跟踪 + 企业信息门户 EIP、订单成本核算及分析、完善权限分配机制等，解决多个传统生产模式中遇到的问题。

转型升级前朗福服饰公司的营销模式以直销为主，在东欧等国均有直属销售公司，转型升级后企业的营销模式发生了改变，由销售为主转向以一对一加工服务为主，与客户的沟通互动进一步加强。2013年开展逐步进军电子商务营销领域，不仅在印染行业网站《印花集萃网》占有一席之地，还在阿里巴巴开展了网站业务，拥有自己的店铺，并利用微信成立了企业微网站。网络营销模式的转变，对企业及产品宣传产生良好的效果，对线下交易起到了推波助澜的作用。企业还在继续策划网络营销 B2C 的模式，以淘宝和天猫为主要渠道，直接面对客户开展零售业务，利用网络营销优点快速带动品牌的发展，并逐渐建立品牌营销体制，促进线上线下交易量共同提升，以事半功倍的效果带动企业整个针织产品链条发展。

朗福服饰公司积极实施技术改造和管理提升，从完全劳动密集型的生产模式，逐步向技术密集型方向转化，通过引进更新改造技术设备，优化了生产工艺，提升了产品质量，降低了加工成本，减小了环境污染，增强了产品的市场竞争优势。通过完善流程管理体系，企业质量管理、生产管理、技术研发等方面能力与水平得到了全方位提升。企业服装成衣类产品、面料产品、印染加工服务产品在天津以及华北地区均达到了领先水平，市场占有率也呈逐年上升趋势，已成为天津地区乃至华北地区的针织品行业的新生力量。

七、信息技术

天津中安华典数据安全科技有限公司（以下简称“中安华典公司”）成立于2014年2月，注册资金1000万元，坐落于天津市东丽航空商务区，是集计算机软硬件及网络系统、安防设备和监控设备研发、设计、安装、集成、调试等综合服务，提供数据处理及存储服务和大数据信息安全防护服务等的现代信息服务的民营科技型中小企业。中安华典公司以创建国内数据安全技术第一服务品牌为目标，适应企业追求的数据安全就是企业核心机密第一安全保障的市场需要，为客户打造确保信息安全的云计算、大数据、智慧城市、主机托管等多项安全产品服务。企业内设办公室、技术部、机房、销售部、采购部等部门，现有员工52人，87%具有大学本科以上学历。企业采用国际先进管理理念，推行美国PDCA管理系统，各部门实现OA系统管理，建立了安全、稳固、智慧、创新的创业发展理念和责任、执行、合作、成长的行为守则。

2014年3月，中安华典公司与隶属央企大唐电信的科技产业集团上市公司高鸿股份的控股子公司大唐高鸿建立了全面合作关系，由大唐电信提供全程技术支持，在东丽航空商务区内建立了现代化高标准的专业安全级大型数据中心（以下简称“数据中心”）。数据中心采用了模块化、节能化和安全系统化的结构体系，使用了四层立体式安全防御结构，可满足金融、电信、通信等特殊行业对数据安全的标准要求。拥有这样一个达到国家T4级机房标准的一流数据中心硬件设施，中安华典公司也遇到了头痛的难题。企业起初是以主机租用和服务器托管为主，为此建设了7800平方米的机房和办公场所，并建设了800组机柜用于租用。仅仅4个月就租出了300组机柜，按此速度发展，中安华典公司如果要扩大业务规模，势必要持续投入资金建设更多的机柜，来满足不断增长的租用市场需求。然而，这种经营方式资金占用巨大，场地空间受限，况且效益水平并不高。中安华典公司经过深入分析调研，发现了市场新机遇，确定了由传统的托管和租用服务模式，向现代知识型服务功能转型的思路，并积极实施了一系列措施。

中安华典公司通过对已建、已租和已托管的服务器运行情况进行比较分析发现，客户多以互联网行业、金融行业为主，大多按照传统的模式，把数据中心机房仅仅作为存储、加工、运算数据的地方，服务器的运行效率和使用效率并不高，闲置了海量的数据处理能力。企业通过进一步开展市场调研发现，生产型企业实际上更需要海量的数据处理分析，这些客户的潜在需求巨大。因此，中安华典公司决定不再将数据中心的租用与托管运营模式作为主攻方向，而是将生产服务主线定位为生产型企业挖掘数据价值、创造数据财富，通过发掘这一客户市场的新价值，为企业拓展未来巨大的发展空间。

中安华典公司主动与南开大学、天津大学、深圳大学等多所著名高等学府加强产学研合作，并建立了数据安全试验中心、物联网研究实验室等若干研发与实验机构。研发与实验机构的建立完善，为各类安全软件产品的研发提供了先进手段，提高了产品研发的效率和质量，大大提升了数据中心功能的市场竞争力。中安华典公司还把建立优秀的研发队伍作为重要环节和必要保障，一方面，加大招才引智力度，吸纳了一批高新尖有志之士，研发团队32 人均为本科以上学历，其中博士 2 人，硕士 10 人；另一方面，引进德国有关科技研发人员异业合作培训体系，对企业研发人员在创新思维、创新和研发能力、异业拓展与合作等方面强化培训，提升向不同行业领域拓展的能力，使科研人员能够更好挖掘数据中心功能，将大数据信息处理功能融合到传统生产制造企业中去，努力打造一支集计算机技术、信息处理技术和多种交叉学科为一体的优秀研发团队，可胜任多领域数据产品研发、服务及营销的研发团队。

随着物联网的大规模普及，更多的生产制造业企业通过物联网技术向特定目标客户群传递商务信息，进行精准营销，将势在必行。因此，安华典公司把基于物联网的大数据信息服务，作为向知识型服务转型、延展数据中心的服务功能的切入点，果断进行了大胆尝试。公司研发了密码锁防伪瓶盖，这是一款基于物联网技术的、将营销、推广、防伪、物流管理融合一体的数据安全产品，在不影响客户生产工艺的前提下，对其灌装完毕的酒瓶瓶盖进行加密技术，引入大数据和二维身份技术进行管理。白酒生产企业利用该产品系统，可以通过消费者在开启白酒时确认防伪的动作，将消费者信息储存，纳入重点服务群体，实现厂家与消费者的信息互动，达到促进营销的效果，大大节省营销成本。这款产品当年就实现了在某酒业集团的大规模应用，预计每年都将有超过300万瓶的酒类产品使用该技术产品。

密码锁防伪瓶盖数据安全产品开发与应用的成功，增强了企业向现代信息服务业转型的信心。中安华典公司通过股东借款、技术投资入股、个人借款、横向合作等多途径，筹措资金4700万元，从市场需求迫切、开发周期较短、资金占用较少的项目入手，通过滚动方式研发了多项成果。天安智能加密云端、餐饮安全产供平台、食品质量安全全程监督系统、数据库漏洞扫描系统、大数据交通预测平台、民用红外线扫描仪、北斗－GPS个人定位服务系统、物联网传感器等一系列数据安全软件服务产品，针对多个领域传统生产制造业企业的个性及共性需求，提供了系列信息化解决方案。通过这些产品的开发，开启了数据中心由租用与托管的资源型传统服务向现代信息服务的转型，不断扩大客户群体，创建数据安全品牌，形成了数据信息服务安全的产业链。

中安华典公司充分利用拥有国家T4级机房标准的数据中心硬件设施的资源优势，主动发现并抓住市场机会，积极打造创新研发团队，形成了高效的产学研联合研发体系，立足安全数据中心，从传统的租用和托管资源型服务，向提供技术、数据安全等多元化服务方向转型升级，具备了对多个领域生产制造企业提供现代信息服务能力，首家推出数据中心（IDC）与企业数据财富增值服务并建立了行业标准，使公司的研发实力站上新的台阶，成为集企业软件、系统集成、数据中心为一体的高附加值专业行业解决方案提供商。

从上述行业的典型企业做法中，我们可以发现，在近年来天津市中小制造企业转型升级的过程中，主要采取了以下具体做法：

1. 进行技术改造。技术改造是采用先进的、适用的新技术、新工艺、新设备、新材料等对现有工艺、设备、生产技术等进行改造和提升，是企业实现安全生产、节能减排、技术进步、降低成本、提高生产效率的重要途径。

促进企业技术改造对优化投资结构、培育消费需求、推动自主创新、加快结构调整、促进产业升级具有重要意义，是推进中小制造企业转变发展方式，实现科学发展的重要举措。

典型企业的做法也表明，将技术改造和科技创新结合起来会产生明显效果。所以，通过技术改造实施转型升级可以得到如下启示：一是既要着眼为当前经济增长提供动力，更要着眼为未来经济的可持续发展注入活力；二是要把技术改造和科技创新紧密结合起来；三是要把先进性与适用性结合起来，企业所采用的新技术、新工艺、新设备、新材料必须要适合自身的发展需要。

2. 研发专精特新产品或技术。是实现转型升级的重要途径，是保证企业具有竞争性、成长性和可持续性的撒手锏，通过专业化、精细化、特色化、新颖化等路径，可以使中小制造企业具有行业或产品战略专一化、研发精深化、产品或服务特色化、业态或经营模式新型化等基本特征。

通过专精特新产品（技术）路径实施转型升级必须把握住：①中小企业实施专精特新产品（技术）路径必须定位精准，即找准在市场中的专精特新定位，走特色发展之路；②长远发展而言，专精特新产品（技术）的路径必须与品牌建设相结合，才能可持续性做强专精特新核心业务，发挥其最大效益；③必须实施集中化战略，调整产品结构，优化自己的生产要素，使用整个企业的力量和资源更好地服务于专、精、特、新核心产品业务，打造具有竞争力和影响力的精品和品牌；④政府着力改善中小企业创新发展的产业引导、关键要素需求等外部资源条件，使一批中小企业专精特新的发展特征持续形成和放大。

3. 实施精益管理。精益管理是一种先进的管理理念，以精益思想为指导，以持续追求浪费最小、价值最大的生产方式和工作方式为目标的管理模式。中小制造企业在实施精益管理的转型升级中，以拉动式、准时化的生产方式，把生产技术与现代管理作为提升效益的着力点，将企业生产技术进步与现场改善有机地融合在一起，从而实现优化企业资源配置，全面提高企业的生产效率。

企业通过实施精益管理来推进管理创新，从粗放式经营转向集约式经营，向管理要效益、要方法、要提升，合理利用资源，最终实现转型升级，必须做到：①不仅需要在思想上重视，而且要求从管理层到员工层都必须深入贯彻实施精益管理的思想；②需要根据企业的具体情况建立切合企业自身实际的现场管理方法，根据目标建立相应的辅助系统，完善现场管理；③从长远看，企业必须全面推进精益管理，培育精益管理文化。

4. 向现代服务业转型。现代服务业是相对于传统服务业而言，适应现代人生活和现代城市发展的需求，产生和发展起来的具有高技术含量和高文化含量的服务业。中小制造企业提高市场意识和服务水平，进军现代服务业，不断改善供给结构，走内涵式发展道路，不仅符合当前供给侧改革的大背景，同时也是提高企业综合实力，提升企业经济效益的必然选择。

传统制造业向现代服务业转型摆脱了传统制造的低技术含量、低附加值的形象，使其具有和以往各类制造方式显著不同的特点。中小制造企业向现代服务业转型首先要从以传统的产品制造为核心，向提供具有丰富服务内涵的产品和依托产品的服务转变，直至为客户提供整体解决方案，强调客户、作业者的认知和知识融合，通过有效地挖掘服务制造链上的需求，实现个性化生产和服务，同时要强调主动性服务，主动将客户引入产品制造、应用服务过程，主动发现客户需求，展开针对性服务。

5. 向应用电商转型。与传统经济相比，电子商务在发掘商机、推广营销和削减成本方面具有显著优势，是中小制造企业实现开源和节流的有效途径。中小制造企业做电商需要依据企业自身实际出发，融合渗透“互联网+”的概念，以系统性思维来规划及看待电商所能发挥的作用，注重电业电商的生态建设。

在向应用电商转型过程中，中小制造企业需要瞄准细分市场，精细化经营，由过去粗放式的营销逐渐转变为利用互联网及IT技术应用的全通路、大数据营销，线上采取重点渠道的精细化运营，线下实体电商化的改造和互联工具的应用，最后利用移动互联工具及IT技术做好O2O，实现线上线下融合。

第二节　天津市中小制造企业转型升级实施成效

从近年来天津市中小制造企业转型升级实施的过程中，可以看出转型升级取得了一定成效，具体包括以下几个方面：

一、天津市完成中小制造企业转型升级的企业数量超过预期

在我们关于天津市万企转型升级行动计划的一项调查中，原先提出的目标是到计划期末，完成转型升级企业总目标数量达 1.2 万家，但实际提前半年，天津市完成转型升级的企业就达到了 1.4 万家。同时，由于天津市中小制造企业主要分布在天津市中心城区以外区域，所以从天津市各行政区划实现中小制造企业转型升级的分布来看，相对集中于上述区域。在调查中，滨海新区完成转型升级的企业数量达到了 3984 家，在天津市所有 16 个行政区中排名第一，已经超过了完成转型升级企业总量的 1/4。此外，北辰区、东丽区、津南区、武清区、宁河区、静海区、西青区完成转型升级的企业数量均超过了 1000 家。由此可见，天津市中小制造企业转型升级总体增长较快，呈现出良性发展的态势。

二、进行转型升级的企业绩效指标普遍改善

在对实施万企转型升级行动计划的 11349 家企业样本进行大数据调研后，仅仅经过两年，实施万企转型升级行动计划的企业总体与实施前相比，其各项企业绩效指标，包括总资产、总负债、主营业务收入、总人数、劳动生产率、利润总额、税收总额、利税总额、单位工业产能消耗等，普遍都有了不同程度改善，具体情况如表 3-1 所示。

表 3-1　万企转型升级行动计划实施两年后样本企业绩效指标变化

企业指标	转型升级前	转型升级两年后	同比/%
总资产/万元	89878122.03	117681422.30	30.93
总负债/万元	55806945.77	54881477.75	-1.66
主营业务收入/万元	85142422.61	112661301.10	32.32
总人数/人	970530.00	1068766.00	10.12
劳动生产率/万元/人	87.73	105.41	20.16
利润总额/万元	5324093.95	7739851.24	45.37
税收总额/万元	2381653.26	3397950.09	42.67
利税总额/万元	7705747.21	11137801.33	44.54
单位工业产值能耗/吨/万元	0.13	0.11	-15.38

由表3－1可见，实施转型升级后，企业各项绩效指标提升非常明显，利润总额、税收总额、利税总额同比增长幅度均超过了40%，总资产、主营业务收入同比增长幅度也超过了30%，单位工业产值能耗下降明显，其他绩效指标也有不同程度的改善。

三、实施转型升级的企业主要依靠改造提升、专精特新、产业转型完成

据调研，在通过万企转型升级审核的项目中，采取改造提升、专精特新、产业转型方式完成的，已占到全部项目数的94.05%，其他占比合计只占5.95%。其中，改造提升是企业转型升级的最主要方式，合计12607项，占全部项目数的58.99%。同时，在改造提升、专精特新、产业转型三种方式的对比中，采取改造提升方式的企业上缴税金同比增长88.46%，企业员工总数同比增长16.37%，能耗同比降低89.33%，均位列三种方式的最高。专精特新项目仅次于改造提升项目，达到6197项，占全部项目的29.00%。在三种方式的对比中，采取专精特新方式的企业资产总额同比增长60.93%，位列三种方式的最高。从占比来说，采取产业转型的企业明显低于其他两种方式，占全部项目的6.07%。但是，在三种方式的对比中，采取产业转型方式的企业主营业务收入同比增长74.26%，利润总额同比增长75.98%，均为三种方式的最高。

四、政府资金扶持有效推动中小制造企业转型升级

在天津市中小制造企业转型升级的过程中，天津市政府出台了一系列相关扶持政策。万企转型升级行动中部分扶持政策，如表3－2所示：

表3－2　万企转型升级行动中政府制定的部分扶持政策

序号	扶持政策名称	涉及部门
1	天津市发展和改革委关于报送支持产业转型企业政策措施实施细则的函	天津市发改委
2	天津市工业和信息化委关于申报中央财政关闭小企业补助资金的实施细则	天津市工信委

续表

序号	扶持政策名称	涉及部门
3	天津市工业和信息化委关于申报天津市工业企业技术改造专项资金的实施细则	天津市工信委
4	天津市节能专项资金使用管理办法	
5	天津市商务委关于落实万企转型升级行动计划的实施细则	天津市商务委
6	天津市鼓励股权投资企业投资初创期和成长期科技型中小企业补贴办法（试行）	天津市科委
7	关于科技型中小企业购买高校、科研院所的科技成果或开展产学研合作项目给予财政补贴的实施细则（试行）	
8	天津市重点新产品认定补贴办法（试行）	
9	国家税务总局关于实施创业投资企业所得税优惠问题的通知	天津市财政局
10	国家税务总局关于技术转让所得减免企业所得税有关问题的通知	天津市国税局
11	天津市人力社保局关于扶持万企转型升级企业政策措施的实施细则	天津市人力资源社会保障局
12	天津市规划局关于落实万企转型升级行动计划的实施细则	天津市规划局
13	天津市国土房管局关于落实万企转型升级行动计划的实施意见	天津市国土房管局
14	天津市环境保护专项资金项目管理办法（暂行）	天津市环保局
15	天津市知识产权局关于开展2014年天津市专利消零促进行动的通知	天津市知识产权局
16	上海证券交易所中小企业私募债券业务指引（试行）	天津市金融办
17	天津市海域使用权抵押贷款实施意见	
18	天津市商标专用权质押贷款实施指导意见	
19	深圳证券交易所中小企业私募债券业务试点办法	
20	天津市专利权质押贷款实施指导意见	
21	天津市中小企业发展促进局关于申报天津市涉农区县工业技术改造市财政扶持项目的实施细则	天津市中小企业局
22	天津市中小企业发展促进局关于申报天津市中小企业发展专项资金专精特新项目的实施细则	
23	天津市中小企业发展促进局关于申报天津市中小企业管理诊断咨询项目的实施细则	
24	天津市中小企业发展促进局关于申报天津市中小企业培训项目的实施细则	
25	天津市中小企业发展促进局关于天津市区县工业园区转型升级实施细则	
26	天津市中小企业发展促进局关于天津市商务楼宇转型升级实施细则	

根据上述政策，政府投入各种专项资金对万企转型升级行动进行了扶持。据我们对投入专项资金情况的调研显示，万企转型升级行动中专项资金来源多样化，如下图所示：

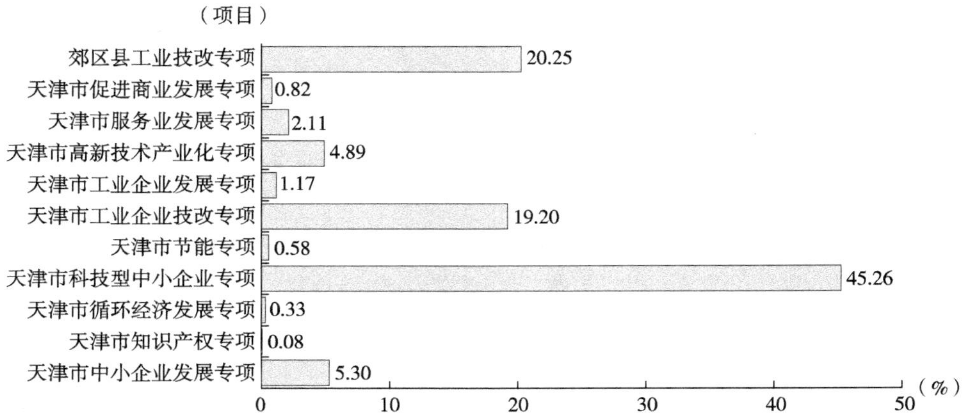

万企转型升级行动专项资金来源

由上图可知，万企转型升级行动中涉及十余项专项资金，其中：天津市中小企业发展专项 3220 万元，占 5. 30%；天津市知识产权专项 50. 6 万元，占 0. 08%；天津市循环经济发展专项 200 万元，占 0. 33%；天津市科技型中小企业专项 27483 万元，占 45. 26%；天津市节能专项 350 万元，占 0. 58%；天津市工业企业技改专项 11660 万元，占 19. 20%；天津市工业企业发展专项 710 万元，占 1. 17%；天津市高新技术产业化专项 2970. 5 万元，占 4. 89%；天津市服务业发展专项 1280 万元，占 2. 11%；天津市促进商业发展专项 500 万元，占 0. 82%；郊区县工业技改专项 12299 万元，占 20. 25%。同时，也可以看出，专项资金对企业技术改造的扶持力度明显较大，排在专项资金占比前三位的天津市科技型中小企业专项、郊区县工业技改专项、天津市工业企业技改专项都与企业技术改造相关。

同时，根据对接受扶持项目中完整填报数据的 199 项扶持项目的调查显示，样本项目通过技术改造、研发专精特新产品、战略新兴产业三种方式获得 12255 万元资金扶持，这些扶持总计撬动了 46. 38 倍的配套资金投入，其中撬动了 34. 57 倍的配套固定资产投入，如表 3 – 3 所示。

表 3-3　资金扶持撬动配套资金投入情况　　单位：万元

分类		技术改造	研发专精特新产品	战略新兴产业	总计
扶持金额		11175.00	700.00	380.00	12255.00
固定资产投资额	设备投资	252492.00	8001.97	21785.26	282279.20
	配套倍数	22.59	11.43	57.33	23.03
	土建投资	60158.70	6.60	65440.39	125605.70
	配套倍数	5.38	0.01	172.21	10.25
	合计	366199.30	8028.57	49462.40	423690.20
	配套倍数	32.77	11.47	130.16	34.57
投入资金来源	自有资金	338016.20	7735.61	75982.60	421734.40
	配套倍数	30.25	11.05	199.95	34.41
	银行贷款	120863.00	0.00	22890.00	143753.00
	配套倍数	10.82	0.00	60.24	11.73
	其他资金	410.00	2300.00	200.00	2910.00
	配套倍数	0.04	3.29	0.53	0.24
	合计	459289.20	10035.61	99072.60	568397.40
	配套倍数	41.10	14.34	260.72	46.38

第三节　天津市中小制造企业转型升级面临问题

虽然天津市中小制造企业转型升级取得了一定成绩，但是我们也应看到，在天津市中小制造企业转型升级过程中也存在一定问题，需要引起足够重视。

一、相当一部分中小制造企业自主创新能力有待加强

虽然在转型升级过程中，很多天津市中小制造企业进行了技术改造，或研发了专精特新产品，但是大多数企业由于自身自主创新能力偏弱，政府扶持资金有限，往往是采用引进成型技术设备进行工艺改造、流程改造、产品改造等，真正体现自主创新能力的原创知识产权产品相对较少，对于提升企

业在产业链中的地位相对不利。

二、中小制造企业内部管理存在较大的提升空间

目前在天津市中小制造企业进行转型升级的过程中，虽然大量企业运用各种方法进行管理提升，但是相当多企业关注的重点在于生产制造过程管理，而没有重视对内部管理过程的深入思考。不少企业在管理提升的过程中体现出高管层对推行科学管理的动力不足、能力欠佳，企业内部没有形成推动创新、关注管理、凝聚力强的管理氛围，导致管理方法具备，但是管理实施成效不好。

三、中小制造企业在转型升级过程中产业集聚效应不显著

目前很多中小制造企业在转型升级过程中处于单打独斗的局面，转型升级局限于企业内部，与其他企业的关联度较弱，既没有与相关中小企业联合发挥集群优势，形成完善的产业链条，也没有与相关大企业联动获得资源扶持，从而导致发展进度缓慢，对企业构建核心竞争力形成了较大的影响。

第四章

天津市中小制造企业转型升级关键制约因素

第一节　调查设计与实施过程

在探索天津市中小制造企业转型升级路径的过程中，基本的思路是从天津市中小制造企业转型升级的现状出发，在把握天津市中小制造企业转型升级典型做法、实施成效和面临问题的综合调查中得到数据与资料，提炼天津市中小制造企业转型升级影响因素，并对不同行业的企业转型升级影响因素进行统计差异分析，发现其中的关键制约因素，作为设计天津市中小制造企业转型升级路径的依据。

一、调查设计

为全面提炼天津市中小制造企业转型升级影响因素，并从中发现制约不同行业的企业转型升级的关键因素，课题组采用如下方式进行调查：

（一）查阅文献资料

课题组通过查阅相关资料，从天津市中小制造企业转型升级典型做法、全国其他区域中小制造企业转型升级典型做法等方面提炼天津市中小制造企业转型升级影响因素。

（二）对部分企业负责人进行访谈

由于中小制造企业涉及的行业分布广泛，不可能对每一个行业所涉及的企业全面调查，因此课题组选择了天津市部分典型行业的企业负责人进行访谈，包括装备制造业、生物医药业、石油化工业、交通运输业、能源材料业、日用消费品业、信息技术业，目的是通过对这些负责人的访谈发现在企业转型升级过程中存在的有益经验与突出困难，从中凝练天津市中小制造企业转型升级影响因素。

（三）对相关企业负责人进行问卷调查

课题组对上述行业的样本企业负责人进行了问卷调查，问卷调查主要围绕负责人就各种转型升级影响因素对本企业转型升级实际影响重要程度的看法进行，目的是发现影响不同行业的天津市中小制造企业转型升级的关键因素，作为有针对性地设计适合不同行业的天津市中小制造企业转型升级路径的基础。

二、实施过程

（一）对部分企业负责人访谈实施过程

课题组对27家天津市中小制造企业的负责人进行了访谈，涉及装备制造业、生物医药业、石油化工业、交通运输业、能源材料业、日用消费品业、信息技术业的企业数量分别为7家、5家、3家、4家、3家、3家、2家。

在访谈过程中，课题组主要围绕以下方面让企业负责人介绍情况：

（1）企业在转型升级中主要采用了哪些做法？这些做法的实施效果怎么样？

（2）企业在转型升级中取得了哪些有益经验？

（3）企业在转型升级中遇到了哪些突出问题？目前对这些问题是如何解决的？

（4）企业在转型升级中的关键影响因素有哪些？

（二）对相关企业负责人问卷调查实施过程

课题组共向相关企业负责人发放问卷280份，回收有效问卷244份，问卷有效回收率为87.14%。其中装备制造业、生物医药业、石油化工业、交通运输业、能源材料业、日用消费品业、信息技术业下各企业有效回收问卷数量分别为38份、34份、35份、34份、36份、35份、32份。

在发放问卷时，主要是让相关企业负责人针对问卷中列出的天津市中小制造企业转型升级影响因素，按照这些因素对本企业转型升级实际影响重要程度进行打分，打分分为，5分、4分、3分、2分、1分5个档次，分别代表很重要、比较重要、一般重要、不太重要、不重要。

第二节 天津市中小制造企业转型升级影响因素提炼

在提炼天津市中小制造企业转型升级影响因素的过程中，涉及天津市中小制造企业转型升级典型做法、全国其他区域中小制造企业转型升级典型做法、企业负责人访谈得到的信息等。第三章我们已经介绍了天津市中小制造企业转型升级典型做法，本节我们在总结全国其他区域中小制造企业转型升级典型做法、企业负责人访谈得到的信息基础上，从中提炼天津市中小制造企业转型升级影响因素。

一、全国其他区域中小制造企业转型升级典型做法

珠三角和长三角地区是我国中小企业发展最快的两个地区，上述地区中小制造企业转型升级的做法对研究供给侧改革下天津中小制造企业转型升级路径具有基础导向作用。

（一）珠三角地区中小制造企业转型升级的主要做法

1. 改善出口贸易结构。珠三角地区相当一部分企业从事加工贸易出口业务。在一般贸易、来料加工、进料加工几种不同的出口贸易方式中，来料加工在产业链中长期处于低端地位，但又是很多当地中小制造企业普遍采取的出口贸易方式。因此，在珠三角地区中小制造企业近年的转型升级中，正逐步提升一般贸易和进料加工在出口贸易中的比重，逐步降低来料加工比重，促进了总体贸易结构优化。

2. 积极发展具有自主知识产权的高端制造。引导企业产品从劳动密集型制造转向机械设备、电子信息产品等技术密集型制造，制造过程中充分利用现代技术降低制造成本，提高劳动效率，提升产品技术含量，加快具有自主知识产权的高端制造业发展。

3. 大力促进产业融合。通过加大自主研发设计、品牌经营，提升传统产

业的附加值和文化知识含量，延伸制造业产业链，整合科技、人才、品牌、管理、设计、自主知识产权等价值链高端要素资源，加强各产业板块之间的联动，特别是产品制造业和创意服务业的联动，实现价值链的高度融合。

4. 深化区域产业合作。加强粤港澳在科技成果产业化、孵化器与创投业，以及文化与时尚创意、环保、创新科技、中医药保健、新能源技术研发、旅游休闲、产业链链际整合等全方位合作。构建环南海经济合作区，建设大扇形新海上丝绸之路经济带，实现更高层次、更宽领域的合作。

5. 加强高端人才支撑体系建设。依托高校和社会教育资源，建立健全企业内部培训＋社会教育系统，优化区域人力资本存量资源，建立国际性智力精英的人力资源储备库，以项目方式引进海外领军型科研人才，形成国际化的高端人才支撑体系。

6. 推动平台载体建设。依托广州南沙、深圳前海、珠海横琴三大国家级战略平台，大力发展物联网、云计算、3D 打印、智能电网、智能机器人等绿色智能化制造业，并带动电子商务、研发设计、质量检验、会展业等生产性服务业发展，推动珠三角产业的整体升级。

（二）长三角地区中小制造企业转型升级的主要做法

1. 加快高附加值的创新产业发展。以现代服务业和战略性新兴产业为发展重点，加快培育和发展生物、物联网、新能源、新材料、节能环保、高端装备制造、新能源汽车、现代服务业等新兴产业，提升产业核心竞争力，加快经济发展方式转变。苏州通过加工贸易实现“两转”，即向更高端的战略性新兴产业转型和向更加本土化的企业转型，加快引进以新一代电子、精密机械、医药及生物技术、新能源、新材料等创新型产业为代表的加工贸易龙头项目，原有加工贸易产业链的整体运行水平进一步提升。

2. 促进产业价值链延伸。苏州作为首批“全国加工贸易转型升级试点城市”之一，通过加工贸易“两升”，即向价值链上游的研发设计领域延伸和向价值链下游的物流销售领域延伸，实现加工贸易在价值链上的升级。

3. 建立新型贸易方式。义乌成为我国第 10 个综合配套改革试验区——义乌国际贸易综合改革试点后，确立了市场采购的新型贸易方式。通过改革试点，义乌的贸易模式实现了出口、进口、转口贸易联动，成为中国国际贸易的桥头堡。

4. 注重企业理念创新和文化培育。长三角地区儒商风气盛行，浙商文化享誉国内，企业注意用理念与文化建设推动企业转型升级，企业家精神成为带动企业转型升级的先导力量，进而带动企业在技术与管理方面的创新。

5. 大胆进行制度与管理创新。积极进行产权改革，完善现代企业股权制度与分配制度，通过引入国际先进管理方法，如 TQC 管理、5S 现场管理、ERP 信息管理，建立完善的企业运营管理体系和适应现代企业发展要求的组织结构，为企业持续发展提供制度和管理保障。

由珠三角和长三角地区中小制造企业转型升级的主要做法，我们可以发现：

1. 两个区域的中小制造企业转型升级与产业链密切相关。制造企业依据实力强弱可以分为原始设备制造企业、原始设计制造企业、原始品牌制造企业。对原始设备制造企业来说，只负责制造产品，而产品设计、核心技术均由委托方提供，再贴上委托方的品牌进行销售，这种情况下企业只是作为其他企业的代工企业而存在，在产业链中位置很低。对原始设计制造企业来说，除去制造产品外，至少部分负责产品设计，然后贴上委托方的品牌进行销售，这种情况下企业同时承担了设计与制造环节，产品附加值提升，在产业链中位置有所上升。对原始品牌制造企业来说，往往掌握了核心技术，可以承担产品设计、制造到销售的全部环节，因此创立自主品牌进行运营，这种企业产品附加值最高，在产业链中比前两种更有优势。显然，在原始设备制造企业、原始设计制造企业到原始品牌制造企业的演进过程中，企业必然努力提升自身的设计能力与销售能力，这就要求企业走扩链、强链之路，努力提升企业的创新能力，并通过产业转移、产业融合、产业链延伸等方式形成企业在产业链方面的竞争优势。

2. 支持活动在两个区域的中小制造企业转型升级中扮演着重要作用。价值链理论把企业实现价值增值的活动分为价值链的基本活动和支持活动。价值链的基本活动包括进料后勤、生产经营、发货后勤、市场营销、服务；支持活动包括企业基础设施、人力资源管理、技术开发、采购。在这里，支持活动看似并未直接构成企业的生产经营环节，但却通过对价值链基本活动形成有效支撑，实际上影响着企业实现价值增值的过程。珠三角的高端人才支撑体系建设、长三角的企业文化建设、制度与管理创新都体现了这一特点，同时在上述区域企业的产业链升级中扮演重要作用的技术开发同样属于支持活动。

3. 政府导向性政策在两个区域的中小制造企业转型升级中功不可没。环南海经济合作区、义乌国际贸易综合改革试点等产业园区的建设，广州南沙、深圳前海、珠海横琴三大国家级战略平台的建立，乃至珠三角地区出口贸易结构的调整，长三角地区高附加值的创新产业发展等，都离不开当地政府制定的导向性政策在其中发挥的重要作用。

二、企业负责人访谈得到的信息

（一）企业转型升级与企业自主创新能力息息相关

在访谈中我们了解到，目前天津市中小制造企业转型升级的多种做法与企业自主创新能力关系密切，例如在技术改造和研发专精特新产品的过程中，都伴随企业自主创新能力的提升。但是，访谈过程也表明，目前中小制造企业在自主创新能力的形成上采取的形式不同，有的企业自身研发实力较强，采取原始创新的方式进行创新，即企业通过独立提出原生性的技术实现创新。有的企业研发实力弱一些，采取集成创新的方式进行创新，即企业通过将引入的外部技术与自身原有技术相结合实现创新。研发实力更弱的企业则采取消化吸收再创新的方式进行创新，即企业先引入较为成熟的外部技术，在对引进的技术消化学习的基础上进行改造，并运用改造后的技术在产品或工艺的某些环节实现创新。

（二）企业转型升级与企业管理制度提升联系紧密

在访谈中我们发现，虽然在企业转型升级中与企业生产效率提升直接有关的是类似精益管理之类的生产管理方法，但是由于企业转型升级实践都需要由员工来完成，所以企业转型升级的实际效果还受到与人有关的管理制度的影响。在访谈中比较突出的是不少受访对象反映企业转型升级与企业高层管理者能力动力机制有很大关系。他们表示，在中小制造企业转型升级过程中，转型升级推动效果与企业高管的综合管理能力密不可分，但现实情况是，要想发挥高管的综合管理能力，需要对高管进行适度激励，而在企业资源条件有限的情况下，如何保证激励力度与企业高管贡献价值相匹配，是一个现实问题。同时，访谈中我们也了解到，企业转型升级还有赖于在企业中营造一种促进与企业转型升级密切相关的员工（主要是企业中从事管理、技术研发、营销等专业性工作的知识型员工）成长的企业文化，这种文化氛围的形成，影响员工的成长水平，进而关系到企业自主知识产权的形成及向现实生产力的转化，这对企业转型升级有很大促进作用。

（三）企业转型升级离不开政府扶持

通过访谈，受访者还不约而同提到转型升级与政府扶持之间的密切关系。政府在转型升级方面的专项补贴、税收政策、贷款指导政策等财政政策，在人才引进、产业园区、平台载体建设等方面的指导意见，对于促进中小制造企业转型升级意义重大。不少中小制造企业在转型升级中缺少资源，政府扶持政策对于缓解企业面临的资金、人才、技术、渠道等方面的压力帮助很大。

综上所述，我们从中提炼出天津市中小制造企业转型升级影响因素如下：企业原始创新能力、企业集成创新能力、企业消化吸收再创新能力、与上游企业联盟关系、同行业企业联盟关系、与下游企业联盟关系、企业对客户综合服务能力、企业高管综合能力、企业文化氛围、企业管理制度方法、资源投入、政府政策。

需要指出，影响天津市中小制造企业转型升级的因素很多，我们只是从中找出其中最主要的影响因素，作为下一阶段比较不同行业的天津市中小制造企业转型升级关键影响因素的基础。

第三节　典型行业中小制造企业转型升级制约因素

在提炼出天津市中小制造企业转型升级影响因素后，我们对天津市典型行业的中小制造企业负责人就各种转型升级影响因素对本企业转型升级实际影响重要程度的看法进行了问卷调查，问卷调查设计和实施过程前文已有论述。我们对回收的244份有效问卷进行了统计差异分析。

一、企业原始创新能力分析结果

分析结果如表4－1、表4－2、表4－3所示。

表4－1 原始创新能力评分均值

企业类型	平均值	个案数	企业类型	平均值	个案数
1	4.8158	38	5	4.6944	36
2	4.0588	34	6	3.4857	35
3	4.0571	35	7	4.9063	32
4	4.0882	34	总计	4.3033	244

表4－2 原始创新能力评分方差分析结果

分类			平方和	自由度	均方	F	显著性
组间	（组合）		56.243	6	9.374	46.954	0.000
	线性项	未加权	0.070	1	0.070	0.350	0.554
		加权	0.349	1	0.349	1.747	0.188
		偏差	55.894	5	11.179	55.995	0.000
组内			47.314	237	0.200	—	—
总计			103.557	243	—	—	—

表4－3 原始创新能力评分多重比较结果

（I）企业类型	（J）企业类型	平均值差值（I－J）	标准误差	显著性	95%置信区间	
					下限	上限
1	2	0.75697*	0.09646	0.000	0.4639	1.0501
	3	0.75865*	0.10338	0.000	0.4442	1.0731
	4	0.72755*	0.09101	0.000	0.4512	1.0039
	5	0.12135	0.10062	0.890	－0.1843	0.4270
	6	1.33008*	0.12153	0.000	0.9587	1.7014
	7	－0.09046	0.08248	0.927	－0.3411	0.1602

续表

(I) 企业类型	(J) 企业类型	平均值差值 (I－J)	标准误差	显著性	95% 置信区间	
					下限	上限
2	1	－0.75697*	0.09646	0.000	－1.0501	－0.4639
	3	0.00168	0.10895	1.000	－0.3296	0.3330
	4	－0.02941	0.09728	1.000	－0.3254	0.2665
	5	－0.63562*	0.10633	0.000	－0.9587	－0.3125
	6	0.57311*	0.12630	0.001	0.1879	0.9583
	7	－0.84743*	0.08935	0.000	－1.1201	－0.5747
3	1	－0.75865*	0.10338	0.000	－1.0731	－0.4442
	2	－0.00168	0.10895	1.000	－0.3330	0.3296
	4	－0.03109	0.10415	1.000	－0.3481	0.2859
	5	－0.63730*	0.11265	0.000	－0.9794	－0.2952
	6	0.57143*	0.13166	0.001	0.1707	0.9721
	7	－0.84911*	0.09678	0.000	－1.1448	－0.5534
4	1	－0.72755*	0.09101	0.000	－1.0039	－0.4512
	2	0.02941	0.09728	1.000	－0.2665	0.3254
	3	0.03109	0.10415	1.000	－0.2859	0.3481
	5	－0.60621*	0.10141	0.000	－0.9145	－0.2979
	6	0.60252*	0.12218	0.000	0.2291	0.9759
	7	－0.81801*	0.08343	0.000	－1.0723	－0.5638
5	1	－0.12135	0.10062	0.890	－0.4270	0.1843
	2	0.63562*	0.10633	0.000	0.3125	0.9587
	3	0.63730*	0.11265	0.000	0.2952	0.9794
	4	0.60621*	0.10141	0.000	0.2979	0.9145
	6	1.20873*	0.12950	0.000	0.8144	1.6030
	7	－0.21181	0.09383	0.282	－0.4980	0.0744
6	1	－1.33008*	0.12153	0.000	－1.7014	－0.9587
	2	－0.57311*	0.12630	0.001	－0.9583	－0.1879
	3	－0.57143*	0.13166	0.001	－0.9721	－0.1707
	4	－0.60252*	0.12218	0.000	－0.9759	－0.2291
	5	－1.20873*	0.12950	0.000	－1.6030	－0.8144
	7	－1.42054*	0.11597	0.000	－1.7767	－1.0643

续表

(I) 企业类型	(J) 企业类型	平均值差值 (I-J)	标准误差	显著性	95% 置信区间	
					下限	上限
7	1	0.09046	0.08248	0.927	-0.1602	0.3411
	2	0.84743*	0.08935	0.000	0.5747	1.1201
	3	0.84911*	0.09678	0.000	0.5534	1.1448
	4	0.81801*	0.08343	0.000	0.5638	1.0723
	5	0.21181	0.09383	0.282	-0.0744	0.4980
	6	1.42054*	0.11597	0.000	1.0643	1.7767

注：* 表示该地均值差是显著的。

表4-1给出了典型行业原始创新能力评分均值。其中企业类型从1~7分别代表装备制造业、生物医药业、石油化工业、交通运输业、能源材料业、日用消费品业、信息技术业。从结果可以看出，被调查者普遍认同原始创新能力对本企业转型升级可以产生比较重要的影响，评分均值基本在4分以上。但是，日用消费品业的评分均值偏低，只有3.4857，被调查者持原始创新能力对本企业转型升级可以产生比较重要的影响观点相对其他行业偏低，这与日用消费品业属于传统制造行业，自身研发实力不强有关。表4-2给出了典型行业原始创新能力评分方差分析结果。从结果可以看出，组间平方和的F值为46.954，显著性为0.000，小于显著水平0.05，表明原始创新能力对天津市不同典型行业的中小制造企业转型升级影响有显著差异。表4-3给出了典型行业原始创新能力评分多重比较结果。从结果可以看出，装备制造业、能源材料业、信息技术业之间的原始创新能力评分差异并不明显，但与其他行业间的原始创新能力评分差异明显；生物医药业、石油化工业、交通运输业之间的原始创新能力评分差异也不明显，但与其他行业间的原始创新能力评分差异明显；日用消费品业与其他行业间的原始创新能力评分差异均明显。对照表4-1可以发现，装备制造业、能源材料业、信息技术业的原始创新能力评分均值明显高于其他行业，表明上述行业的中小制造企业转型升级中原始创新能力对其影响较大；生物医药业、石油化工业、交通运输业的原始创新能力评分均值居中，相对前三个行业的中小制造企业，转型升级中原始创

新能力对其影响有所减弱；日用消费品业的原始创新能力评分均值最低，该行业中小制造企业转型升级中原始创新能力对其影响相对最弱。

二、企业集成创新能力分析结果

分析结果如表4－4、表4－5、表4－6所示。

表4－4　集成创新能力评分均值

企业类型	平均值	个案数	企业类型	平均值	个案数
1	4.8947	38	5	4.8889	36
2	4.7647	34	6	4.6571	35
3	4.6857	35	7	4.6562	32
4	4.7353	34	总计	4.7582	244

表4－5　集成创新能力评分方差分析结果

分类			平方和	自由度	均方	F	显著性
组间	（组合）		2.216	6	0.369	1.667	0.130
	线性项	未加权	0.656	1	0.656	2.961	0.087
		加权	0.673	1	0.673	3.036	0.083
		偏差	1.544	5	0.309	1.393	0.227
组内			52.517	237	0.222	—	—
总计			54.734	243	—	—	—

表4－6　集成创新能力评分多重比较结果

（I）企业类型	（J）企业类型	平均值差值（I－J）	标准误差	显著性	95%置信区间	
					下限	上限
1	2	0.13003	0.09890	0.842	－0.1727	0.4328
	3	0.20902	0.11801	0.573	－0.1538	0.5719
	4	0.15944	0.09189	0.596	－0.1212	0.4401
	5	0.00585	0.07326	1.000	－0.2164	0.2281
	6	0.23759	0.09577	0.186	－0.0550	0.5302
	7	0.23849	0.10881	0.319	－0.0965	0.5735

续表

(I) 企业类型	(J) 企业类型	平均值差值 (I-J)	标准误差	显著性	95%置信区间	
					下限	上限
2	1	-0.13003	0.09890	0.842	-0.4328	0.1727
	3	0.07899	0.13644	0.997	-0.3363	0.4943
	4	0.02941	0.11460	1.000	-0.3192	0.3780
	5	-0.12418	0.10028	0.876	-0.4309	0.1825
	6	0.10756	0.11774	0.969	-0.2504	0.4655
	7	0.10846	0.12856	0.979	-0.2832	0.5001
3	1	-0.20902	0.11801	0.573	-0.5719	0.1538
	2	-0.07899	0.13644	0.997	-0.4943	0.3363
	4	-0.04958	0.13145	1.000	-0.4503	0.3511
	5	-0.20317	0.11917	0.616	-0.5692	0.1629
	6	0.02857	0.13419	1.000	-0.3800	0.4371
	7	0.02946	0.14378	1.000	-0.4080	0.4670
4	1	-0.15944	0.09189	0.596	-0.4401	0.1212
	2	-0.02941	0.11460	1.000	-0.3780	0.3192
	3	0.04958	0.13145	1.000	-0.3511	0.4503
	5	-0.15359	0.09338	0.654	-0.4386	0.1314
	6	0.07815	0.11191	0.992	-0.2621	0.4184
	7	0.07904	0.12325	0.995	-0.2969	0.4550
5	1	-0.00585	0.07326	1.000	-0.2281	0.2164
	2	0.12418	0.10028	0.876	-0.1825	0.4309
	3	0.20317	0.11917	0.616	-0.1629	0.5692
	4	0.15359	0.09338	0.654	-0.1314	0.4386
	6	0.23175	0.09720	0.224	-0.0650	0.5285
	7	0.23264	0.11007	0.361	-0.1058	0.5711
6	1	-0.23759	0.09577	0.186	-0.5302	0.0550
	2	-0.10756	0.11774	0.969	-0.4655	0.2504
	3	-0.02857	0.13419	1.000	-0.4371	0.3800
	4	-0.07815	0.11191	0.992	-0.4184	0.2621
	5	-0.23175	0.09720	0.224	-0.5285	0.0650
	7	0.00089	0.12617	1.000	-0.3836	0.3853

续表

(I) 企业类型	(J) 企业类型	平均值差值 (I－J)	标准误差	显著性	95%置信区间	
					下限	上限
7	1	－0.23849	0.10881	0.319	－0.5735	0.0965
	2	－0.10846	0.12856	0.979	－0.5001	0.2832
	3	－0.02946	0.14378	1.000	－0.4670	0.4080
	4	－0.07904	0.12325	0.995	－0.4550	0.2969
	5	－0.23264	0.11007	0.361	－0.5711	0.1058
	6	－0.00089	0.12617	1.000	－0.3853	0.3836

表4－4给出了典型行业集成创新能力评分均值。从结果可以看出，被调查者普遍认同集成创新能力对本企业转型升级可以产生比较重要的影响，评分均值均在4分以上。表4－5给出了典型行业集成创新能力评分方差分析结果。从结果可以看出，组间平方和的F值为1.667，显著性为0.130，大于显著水平0.05，表明集成能力对天津市不同典型行业的中小制造企业转型升级影响无显著差异。表4－6给出了典型行业集成创新能力评分多重比较结果。从结果可以看出，各行业间的集成创新能力评分差异并不明显，结合表4－4的各行业集成创新能力评分均值均较高，说明各行业的中小制造企业转型升级中集成创新能力均发挥较大影响。

三、企业消化吸收再创新能力分析结果

分析结果如表4－7、表4－8、表4－9所示。

表4－7　消化吸收再创新能力评分均值

企业类型	平均值	个案数	企业类型	平均值	个案数
1	4.2105	38	5	3.9167	36
2	4.6176	34	6	4.7714	35
3	4.0571	35	7	3.8750	32
4	4.2059	34	总计	4.2377	244

表 4-8　消化吸收再创新能力评分方差分析结果

分类			平方和	自由度	均方	F	显著性
组间	（组合）		24.002	6	4.000	14.319	0.000
	线性项	未加权	0.874	1	0.874	3.128	0.078
		加权	0.663	1	0.663	2.372	0.125
		偏差	23.339	5	4.668	16.708	0.000
组内			66.211	237	0.279	—	—
总计			90.213	243	—	—	—

表 4-9　消化吸收再创新能力评分多重比较结果

（I）企业类型	（J）企业类型	平均值差值（I-J）	标准误差	显著性	95%置信区间	
					下限	上限
1	2	-0.40712*	0.12039	0.019	-0.7726	-0.0416
	3	0.15338	0.13162	0.905	-0.2465	0.5532
	4	0.00464	0.12592	1.000	-0.3778	0.3871
	5	0.29386	0.13212	0.296	-0.1073	0.6950
	6	-0.56090*	0.11918	0.000	-0.9225	-0.1993
	7	0.33553	0.11350	0.062	-0.0093	0.6804
2	1	0.40712*	0.12039	0.019	0.0416	0.7726
	3	0.56050*	0.13094	0.001	0.1622	0.9588
	4	0.41176*	0.12520	0.026	0.0309	0.7926
	5	0.70098*	0.13144	0.000	0.3014	1.1006
	6	-0.15378	0.11842	0.850	-0.5138	0.2062
	7	0.74265*	0.11270	0.000	0.3995	1.0858
3	1	-0.15338	0.13162	0.905	-0.5532	0.2465
	2	-0.56050*	0.13094	0.001	-0.9588	-0.1622
	4	-0.14874	0.13604	0.928	-0.5623	0.2648
	5	0.14048	0.14180	0.954	-0.2902	0.5711
	6	-0.71429*	0.12983	0.000	-1.1091	-0.3194
	7	0.18214	0.12463	0.766	-0.1977	0.5620

续表

(I) 企业类型	(J) 企业类型	平均值差值 (I-J)	标准误差	显著性	95%置信区间	
					下限	上限
4	1	-0.00464	0.12592	1.000	-0.3871	0.3778
	2	-0.41176*	0.12520	0.026	-0.7926	-0.0309
	3	0.14874	0.13604	0.928	-0.2648	0.5623
	5	0.28922	0.13652	0.354	-0.1256	0.7041
	6	-0.56555*	0.12404	0.000	-0.9428	-0.1883
	7	0.33088	0.11859	0.094	-0.0305	0.6923
5	1	-0.29386	0.13212	0.296	-0.6950	0.1073
	2	-0.70098*	0.13144	0.000	-1.1006	-0.3014
	3	-0.14048	0.14180	0.954	-0.5711	0.2902
	4	-0.28922	0.13652	0.354	-0.7041	0.1256
	6	-0.85476*	0.13033	0.000	-1.2509	-0.4586
	7	0.04167	0.12515	1.000	-0.3396	0.4229
6	1	0.56090*	0.11918	0.000	0.1993	0.9225
	2	0.15378	0.11842	0.850	-0.2062	0.5138
	3	0.71429*	0.12983	0.000	0.3194	1.1091
	4	0.56555*	0.12404	0.000	0.1883	0.9428
	5	0.85476*	0.13033	0.000	0.4586	1.2509
	7	0.89643*	0.11141	0.000	0.5574	1.2354
7	1	-0.33553	0.11350	0.062	-0.6804	0.0093
	2	-0.74265*	0.11270	0.000	-1.0858	-0.3995
	3	-0.18214	0.12463	0.766	-0.5620	0.1977
	4	-0.33088	0.11859	0.094	-0.6923	0.0305
	5	-0.04167	0.12515	1.000	-0.4229	0.3396
	6	-0.89643*	0.11141	0.000	-1.2354	-0.5574

注：* 表示该地均值差是显著的。

表4-7给出了典型行业消化吸收再创新能力评分均值。从结果可以看出，被调查者普遍认同消化吸收再创新能力对本企业转型升级可以产生比较重要的影响，评分均值大部分在4分以上，少数评分均值没到4分的也接近4

分。其中，日用消费品业和生物医药业的评分均值相对其他行业较高，分别为4.7714和4.6176，说明被调查者持“消化吸收再创新能力对本企业转型升级可以产生比较重要的影响”观点相对其他行业偏高，这与相当多的日用消费品和生物医药在生产上属于常规消费品和药品制造，企业自主创新能力有限，比较适合采取消化吸收再创新方式进行创新有关。同时，信息技术业和能源材料业的评分均值均低于4分，分别为3.8750和3.9167，说明被调查者持“消化吸收再创新能力对本企业转型升级可以产生比较重要的影响”观点相对其他行业偏低，这也与这两个行业中的不少企业属于智能科技、新能源、新材料等企业，自身研发实力较强，而不主要依赖消化吸收再创新方式进行创新有关。表4－8给出了典型行业消化吸收再创新能力评分方差分析结果。从结果可以看出，组间平方和的F值为14.319，显著性为0.000，小于显著水平0.05，表明消化吸收再创新能力对天津市不同典型行业的中小制造企业转型升级影响有显著差异。表4－9给出了典型行业消化吸收再创新能力评分多重比较结果。从结果可以看出，生物医药业、日用消费品业之间的消化吸收再创新能力评分差异并不明显，装备制造业、石油化工业、交通运输业、能源材料业、信息技术业之间的消化吸收再创新能力评分差异也不明显，但生物医药业、日用消费品业与其他行业间的消化吸收再创新能力评分差异明显。对照表4－7的评分均值结果，进一步表明生物医药业、日用消费品业的中小制造企业转型升级中消化吸收再创新能力对其影响强于其他五个行业。

四、与上游企业联盟关系分析结果

分析结果如表4－10、表4－11、表4－12所示。

表4－10　与上游企业联盟关系评分均值

企业类型	平均值	个案数	企业类型	平均值	个案数
1	4.3421	38	5	4.3889	36
2	4.2941	34	6	4.0571	35
3	4.1714	35	7	4.1250	32
4	4.2353	34	总计	4.2336	244

表 4－11　与上游企业联盟关系评分方差分析结果

<table>
<tr><th colspan="3">分类</th><th>平方和</th><th>自由度</th><th>均方</th><th>F</th><th>显著性</th></tr>
<tr><td rowspan="4">组间</td><td colspan="2">（组合）</td><td>3.043</td><td>6</td><td>0.507</td><td>1.982</td><td>0.069</td></tr>
<tr><td rowspan="3">线性项</td><td>未加权</td><td>1.022</td><td>1</td><td>1.022</td><td>3.994</td><td>0.047</td></tr>
<tr><td>加权</td><td>1.016</td><td>1</td><td>1.016</td><td>3.972</td><td>0.047</td></tr>
<tr><td>偏差</td><td>2.026</td><td>5</td><td>0.405</td><td>1.584</td><td>0.165</td></tr>
<tr><td colspan="3">组内</td><td>60.642</td><td>237</td><td>0.256</td><td>—</td><td>—</td></tr>
<tr><td colspan="3">总计</td><td>63.684</td><td>243</td><td>—</td><td>—</td><td>—</td></tr>
</table>

表 4－12　与上游企业联盟关系评分多重比较结果

<table>
<tr><th rowspan="2">（I）企业类型</th><th rowspan="2">（J）企业类型</th><th rowspan="2">平均值差值（I－J）</th><th rowspan="2">标准误差</th><th rowspan="2">显著性</th><th colspan="2">95%置信区间</th></tr>
<tr><th>下限</th><th>上限</th></tr>
<tr><td rowspan="6">1</td><td>2</td><td>0.04799</td><td>0.11124</td><td>0.999</td><td>－0.2898</td><td>0.3857</td></tr>
<tr><td>3</td><td>0.17068</td><td>0.11671</td><td>0.766</td><td>－0.1837</td><td>0.5251</td></tr>
<tr><td>4</td><td>0.10681</td><td>0.12993</td><td>0.982</td><td>－0.2889</td><td>0.5026</td></tr>
<tr><td>5</td><td>－0.04678</td><td>0.11346</td><td>1.000</td><td>－0.3910</td><td>0.2974</td></tr>
<tr><td>6</td><td>0.28496</td><td>0.11996</td><td>0.225</td><td>－0.0795</td><td>0.6494</td></tr>
<tr><td>7</td><td>0.21711</td><td>0.10783</td><td>0.416</td><td>－0.1105</td><td>0.5447</td></tr>
<tr><td rowspan="6">2</td><td>1</td><td>－0.04799</td><td>0.11124</td><td>0.999</td><td>－0.3857</td><td>0.2898</td></tr>
<tr><td>3</td><td>0.12269</td><td>0.11760</td><td>0.942</td><td>－0.2348</td><td>0.4802</td></tr>
<tr><td>4</td><td>0.05882</td><td>0.13073</td><td>0.999</td><td>－0.3396</td><td>0.4573</td></tr>
<tr><td>5</td><td>－0.09477</td><td>0.11437</td><td>0.981</td><td>－0.4423</td><td>0.2527</td></tr>
<tr><td>6</td><td>0.23697</td><td>0.12082</td><td>0.449</td><td>－0.1305</td><td>0.6044</td></tr>
<tr><td>7</td><td>0.16912</td><td>0.10879</td><td>0.711</td><td>－0.1621</td><td>0.5003</td></tr>
<tr><td rowspan="6">3</td><td>1</td><td>－0.17068</td><td>0.11671</td><td>0.766</td><td>－0.5251</td><td>0.1837</td></tr>
<tr><td>2</td><td>－0.12269</td><td>0.11760</td><td>0.942</td><td>－0.4802</td><td>0.2348</td></tr>
<tr><td>4</td><td>－0.06387</td><td>0.13542</td><td>0.999</td><td>－0.4760</td><td>0.3482</td></tr>
<tr><td>5</td><td>－0.21746</td><td>0.11970</td><td>0.542</td><td>－0.5811</td><td>0.1461</td></tr>
<tr><td>6</td><td>0.11429</td><td>0.12588</td><td>0.970</td><td>－0.2682</td><td>0.4968</td></tr>
<tr><td>7</td><td>0.04643</td><td>0.11438</td><td>1.000</td><td>－0.3017</td><td>0.3946</td></tr>
</table>

续表

(I) 企业类型	(J) 企业类型	平均值差值 (I-J)	标准误差	显著性	95%置信区间	
					下限	上限
4	1	-0.10681	0.12993	0.982	-0.5026	0.2889
	2	-0.05882	0.13073	0.999	-0.4573	0.3396
	3	0.06387	0.13542	0.999	-0.3482	0.4760
	5	-0.15359	0.13263	0.907	-0.5574	0.2502
	6	0.17815	0.13823	0.855	-0.2423	0.5986
	7	0.11029	0.12785	0.977	-0.2799	0.5005
5	1	0.04678	0.11346	1.000	-0.2974	0.3910
	2	0.09477	0.11437	0.981	-0.2527	0.4423
	3	0.21746	0.11970	0.542	-0.1461	0.5811
	4	0.15359	0.13263	0.907	-0.2502	0.5574
	6	0.33175	0.12287	0.114	-0.0416	0.7051
	7	0.26389	0.11106	0.225	-0.0739	0.6017
6	1	-0.28496	0.11996	0.225	-0.6494	0.0795
	2	-0.23697	0.12082	0.449	-0.6044	0.1305
	3	-0.11429	0.12588	0.970	-0.4968	0.2682
	4	-0.17815	0.13823	0.855	-0.5986	0.2423
	5	-0.33175	0.12287	0.114	-0.7051	0.0416
	7	-0.06786	0.11769	0.997	-0.4262	0.2905
7	1	-0.21711	0.10783	0.416	-0.5447	0.1105
	2	-0.16912	0.10879	0.711	-0.5003	0.1621
	3	-0.04643	0.11438	1.000	-0.3946	0.3017
	4	-0.11029	0.12785	0.977	-0.5005	0.2799
	5	-0.26389	0.11106	0.225	-0.6017	0.0739
	6	0.06786	0.11769	0.997	-0.2905	0.4262

表4-10给出了典型行业与上游企业联盟关系评分均值。从结果可以看出，被调查者普遍认同与上游企业联盟关系对本企业转型升级可以产生比较重要的影响，评分均值均在4分以上。表4-11给出了典型行业与上游企业联盟关系评分方差分析结果。从结果可以看出，组间平方和的F值为1.982，

显著性为0.069，大于显著水平0.05，表明与上游企业联盟关系对天津市不同典型行业的中小制造企业转型升级影响无显著差异。表4－12给出了典型行业与上游企业联盟关系评分多重比较结果。从结果可以看出，各行业间的与上游企业联盟关系评分差异并不明显，结合表4－10的与上游企业联盟关系评分均值均较高，说明各行业的中小制造企业转型升级中与上游企业联盟关系均发挥较大影响。

五、同行业企业联盟关系分析结果

分析结果如表4－13、表4－14、表4－15所示。

表4－13　同行业企业联盟关系评分均值

企业类型	平均值	个案数	企业类型	平均值	个案数
1	4.1316	38	5	4.1944	36
2	3.9412	34	6	4.2286	35
3	4.1429	35	7	4.2188	32
4	4.2647	34	总计	4.1598	244

表4－14　同行业企业联盟关系评分方差分析结果

分类			平方和	自由度	均方	F	显著性
组间	（组合）		2.360	6	0.393	1.652	0.134
	线性项	未加权	0.978	1	0.978	4.108	0.044
		加权	0.947	1	0.947	3.977	0.047
		偏差	1.413	5	0.283	1.187	0.316
组内			56.407	237	0.238	—	—
总计			58.766	243	—	—	—

表4－15　同行业企业联盟关系评分多重比较结果

（I）企业类型	（J）企业类型	平均值差值（I－J）	标准误差	显著性	95%置信区间	
					下限	上限
1	2	0.19040	0.11992	0.690	－0.1737	0.5545
	3	－0.01128	0.11242	1.000	－0.3526	0.3300

续表

(I) 企业类型	(J) 企业类型	平均值差值 (I-J)	标准误差	显著性	95% 置信区间	
					下限	上限
1	4	-0.13313	0.11513	0.908	-0.4826	0.2164
	5	-0.06287	0.13483	0.999	-0.4724	0.3467
	6	-0.09699	0.11199	0.976	-0.4370	0.2430
	7	-0.08717	0.11344	0.987	-0.4319	0.2575
2	1	-0.19040	0.11992	0.690	-0.5545	0.1737
	3	-0.20168	0.11094	0.541	-0.5392	0.1358
	4	-0.32353	0.11368	0.081	-0.6693	0.0223
	5	-0.25327	0.13360	0.490	-0.6596	0.1531
	6	-0.28739	0.11050	0.143	-0.6236	0.0488
	7	-0.27757	0.11197	0.185	-0.6185	0.0634
3	1	0.01128	0.11242	1.000	-0.3300	0.3526
	2	0.20168	0.11094	0.541	-0.1358	0.5392
	4	-0.12185	0.10574	0.909	-0.4433	0.1996
	5	-0.05159	0.12691	1.000	-0.4383	0.3351
	6	-0.08571	0.10231	0.980	-0.3966	0.2252
	7	-0.07589	0.10390	0.990	-0.3921	0.2403
4	1	0.13313	0.11513	0.908	-0.2164	0.4826
	2	0.32353	0.11368	0.081	-0.0223	0.6693
	3	0.12185	0.10574	0.909	-0.1996	0.4433
	5	0.07026	0.12932	0.998	-0.3235	0.4640
	6	0.03613	0.10528	1.000	-0.2840	0.3562
	7	0.04596	0.10682	0.999	-0.2792	0.3711
5	1	0.06287	0.13483	0.999	-0.3467	0.4724
	2	0.25327	0.13360	0.490	-0.1531	0.6596
	3	0.05159	0.12691	1.000	-0.3351	0.4383
	4	-0.07026	0.12932	0.998	-0.4640	0.3235
	6	-0.03413	0.12653	1.000	-0.4197	0.3515
	7	-0.02431	0.12782	1.000	-0.4139	0.3652

续表

(I) 企业类型	(J) 企业类型	平均值差值 (I-J)	标准误差	显著性	95% 置信区间	
					下限	上限
6	1	0.09699	0.11199	0.976	-0.2430	0.4370
	2	0.28739	0.11050	0.143	-0.0488	0.6236
	3	0.08571	0.10231	0.980	-0.2252	0.3966
	4	-0.03613	0.10528	1.000	-0.3562	0.2840
	5	0.03413	0.12653	1.000	-0.3515	0.4197
	7	0.00982	0.10344	1.000	-0.3049	0.3246
7	1	0.08717	0.11344	0.987	-0.2575	0.4319
	2	0.27757	0.11197	0.185	-0.0634	0.6185
	3	0.07589	0.10390	0.990	-0.2403	0.3921
	4	-0.04596	0.10682	0.999	-0.3711	0.2792
	5	0.02431	0.12782	1.000	-0.3652	0.4139
	6	-0.00982	0.10344	1.000	-0.3246	0.3049

表4-13给出了典型行业同行业企业联盟关系评分均值。从结果可以看出，被调查者普遍认同与上游企业联盟关系对本企业转型升级可以产生比较重要的影响，评分均值基本在4分左右浮动。表4-14给出了典型行业同行业企业联盟关系评分方差分析结果。从结果可以看出，组间平方和的F值为1.652，显著性为0.134，大于显著水平0.05，表明与同行业企业联盟关系对天津市不同典型行业的中小制造企业转型升级影响无显著差异。表4-15给出了典型行业同行业企业联盟关系评分多重比较结果。从结果可以看出，各行业间的同行业企业联盟关系评分差异并不明显，结合表4-13的同行业企业联盟关系评分均值均较高，说明各行业的中小制造企业转型升级中同行业企业联盟关系均发挥较大影响。

六、与下游企业联盟关系分析结果

分析结果如表4-16、表4-17、表4-18所示。

表 4 – 16　与下游企业联盟关系评分均值

企业类型	平均值	个案数	企业类型	平均值	个案数
1	4.5526	38	5	4.6667	36
2	4.1471	34	6	4.5429	35
3	4.1714	35	7	4.0625	32
4	4.2059	34	总计	4.3443	244

表 4 – 17　与下游企业联盟关系评分方差分析结果

分类			平方和	自由度	均方	F	显著性
组间	（组合）		12.332	6	2.055	8.018	0.000
	线性项	未加权	0.042	1	0.042	0.163	0.687
		加权	0.035	1	0.035	0.136	0.712
		偏差	12.297	5	2.459	9.594	0.000
组内			60.750	237	0.256	—	—
总计			73.082	243	—	—	—

表 4 – 18　与下游企业联盟关系评分多重比较结果

（I）企业类型	（J）企业类型	平均值差值（I – J）	标准误差	显著性	95% 置信区间	
					下限	上限
1	2	0.40557*	0.12582	0.031	0.0231	0.7880
	3	0.38120*	0.11925	0.033	0.0192	0.7432
	4	0.34675*	0.10787	0.031	0.0192	0.6743
	5	–0.11404	0.11415	0.953	–0.4603	0.2322
	6	0.00977	0.11824	1.000	–0.3491	0.3686
	7	0.49013*	0.12898	0.006	0.0973	0.8830
2	1	–0.40557*	0.12582	0.031	–0.7880	–0.0231
	3	–0.02437	0.12918	1.000	–0.4172	0.3684
	4	–0.05882	0.11876	0.999	–0.4210	0.3033
	5	–0.51961*	0.12449	0.002	–0.8984	–0.1409
	6	–0.39580*	0.12825	0.044	–0.7858	–0.0058
	7	0.08456	0.13821	0.996	–0.3362	0.5054

续表

(I) 企业类型	(J) 企业类型	平均值差值 (I-J)	标准误差	显著性	95%置信区间	
					下限	上限
3	1	-0.38120*	0.11925	0.033	-0.7432	-0.0192
	2	0.02437	0.12918	1.000	-0.3684	0.4172
	4	-0.03445	0.11177	1.000	-0.3746	0.3057
	5	-0.49524*	0.11785	0.001	-0.8533	-0.1372
	6	-0.37143*	0.12181	0.049	-0.7415	-0.0013
	7	0.10893	0.13226	0.982	-0.2939	0.5118
4	1	-0.34675*	0.10787	0.031	-0.6743	-0.0192
	2	0.05882	0.11876	0.999	-0.3033	0.4210
	3	0.03445	0.11177	1.000	-0.3057	0.3746
	5	-0.46078*	0.10632	0.001	-0.7839	-0.1377
	6	-0.33697*	0.11069	0.050	-0.6738	-0.0002
	7	0.14338	0.12210	0.901	-0.2299	0.5167
5	1	0.11404	0.11415	0.953	-0.2322	0.4603
	2	0.51961*	0.12449	0.002	0.1409	0.8984
	3	0.49524*	0.11785	0.001	0.1372	0.8533
	4	0.46078*	0.10632	0.001	0.1377	0.7839
	6	0.12381	0.11683	0.938	-0.2311	0.4787
	7	0.60417*	0.12769	0.000	0.2149	0.9934
6	1	-0.00977	0.11824	1.000	-0.3686	0.3491
	2	0.39580*	0.12825	0.044	0.0058	0.7858
	3	0.37143*	0.12181	0.049	0.0013	0.7415
	4	0.33697*	0.11069	0.050	0.0002	0.6738
	5	-0.12381	0.11683	0.938	-0.4787	0.2311
	7	0.48036*	0.13135	0.009	0.0802	0.8805
7	1	-0.49013*	0.12898	0.006	-0.8830	-0.0973
	2	-0.08456	0.13821	0.996	-0.5054	0.3362
	3	-0.10893	0.13226	0.982	-0.5118	0.2939
	4	-0.14338	0.12210	0.901	-0.5167	0.2299
	5	-0.60417*	0.12769	0.000	-0.9934	-0.2149
	6	-0.48036*	0.13135	0.009	-0.8805	-0.0802

注：* 表示该地均值差是显著的。

表 4 – 16 给出了典型行业与下游企业联盟关系评分均值。从结果可以看出，被调查者普遍认同与下游企业联盟关系对本企业转型升级可以产生比较重要的影响，评分均值均在 4 分以上。表 4 – 17 给出了典型行业与下游企业联盟关系评分方差分析结果。从结果可以看出，组间平方和的 F 值为 8.018，显著性为0.000，小于显著水平0.05，表明与下游企业联盟关系对天津市不同典型行业的中小制造企业转型升级影响有显著差异。表 4 – 18 给出了典型行业与下游企业联盟关系评分多重比较结果。从结果可以看出，装备制造业、能源材料业、日用消费品业之间的与下游企业联盟关系评分差异并不明显，生物医药业、石油化工业、交通运输业、信息技术业之间的与下游企业联盟关系评分差异也不明显，但装备制造业、能源材料业、日用消费品业与生物医药业、石油化工业、交通运输业、信息技术业间的与下游企业联盟关系评分差异明显。这种情况与装备制造业、能源材料业、日用消费品业与下游企业依存度比较高有关，例如，装备制造业与使用装备进行生产的企业依存度就比较高。对照表 4 – 16 的评分均值结果，装备制造业、能源材料业、日用消费品业的评分均值明显高于其他行业，进一步表明装备制造业、能源材料业、日用消费品业的中小制造企业转型升级中与下游企业联盟关系对其影响强于其他几个行业。

七、企业对客户综合服务能力分析结果

分析结果如表 4 – 19、表 4 – 20、表 4 – 21 所示。

表 4 – 19　企业对客户综合服务能力评分均值

企业类型	平均值	个案数	企业类型	平均值	个案数
1	4.1053	38	5	4.2500	36
2	4.1471	34	6	4.6571	35
3	4.2571	35	7	4.7813	32
4	4.1765	34	总计	4.3320	244

表 4-20 企业对客户综合服务能力评分方差分析结果

分类			平方和	自由度	均方	F	显著性
组间	（组合）		14.536	6	2.423	11.132	0.000
	线性项	未加权	11.468	1	11.468	52.699	0.000
		加权	11.077	1	11.077	50.900	0.000
		偏差	3.459	5	0.692	3.179	0.008
组内			51.575	237	0.218	—	—
总计			66.111	243	—	—	—

表 4-21 企业对客户综合服务能力评分多重比较结果

(I) 企业类型	(J) 企业类型	平均值差值 (I-J)	标准误差	显著性	95%置信区间	
					下限	上限
1	2	-0.04180	0.12776	1.000	-0.4314	0.3478
	3	-0.15188	0.10492	0.774	-0.4703	0.1665
	4	-0.07121	0.09897	0.991	-0.3717	0.2292
	5	-0.14474	0.10367	0.802	-0.4592	0.1697
	6	-0.55188*	0.10962	0.000	-0.8847	-.02190
	7	-0.67599*	0.10442	0.000	-0.9933	-0.3586
2	1	0.04180	0.12776	1.000	-0.3478	0.4314
	3	-0.11008	0.12864	0.978	-0.5025	0.2823
	4	-0.02941	0.12383	1.000	-0.4081	0.3493
	5	-0.10294	0.12763	0.983	-0.4923	0.2864
	6	-0.51008*	0.13251	0.005	-0.9137	-0.1065
	7	-0.63419*	0.12823	0.000	-1.0257	-0.2427
3	1	0.15188	0.10492	0.774	-0.1665	0.4703
	2	0.11008	0.12864	0.978	-0.2823	0.5025
	4	0.08067	0.10011	0.984	-0.2237	0.3851
	5	0.00714	0.10476	1.000	-0.3110	0.3253
	6	-0.40000*	0.11066	0.010	-0.7363	-0.0637
	7	-0.52411*	0.10550	0.000	-0.8451	-0.2031

续表

(I) 企业类型	(J) 企业类型	平均值差值 (I-J)	标准误差	显著性	95% 置信区间	
					下限	上限
4	1	0.07121	0.09897	0.991	-0.2292	0.3717
	2	0.02941	0.12383	1.000	-0.3493	0.4081
	3	-0.08067	0.10011	0.984	-0.3851	0.2237
	5	-0.07353	0.09880	0.989	-0.3738	0.2267
	6	-0.48067*	0.10503	0.000	-0.8003	-0.1611
	7	-0.60478*	0.09958	0.000	-0.9081	-0.3014
5	1	0.14474	0.10367	0.802	-0.1697	0.4592
	2	0.10294	0.12763	0.983	-0.2864	0.4923
	3	-0.00714	0.10476	1.000	-0.3253	0.3110
	4	0.07353	0.09880	0.989	-0.2267	0.3738
	6	-0.40714*	0.10947	0.007	-0.7397	-0.0745
	7	-0.53125*	0.10426	0.000	-0.8484	-0.2141
6	1	0.55188*	0.10962	0.000	0.2190	0.8847
	2	0.51008*	0.13251	0.005	0.1065	0.9137
	3	0.40000*	0.11066	0.010	0.0637	0.7363
	4	0.48067*	0.10503	0.000	0.1611	0.8003
	5	0.40714*	0.10947	0.007	0.0745	0.7397
	7	-0.12411	0.11018	0.918	-0.4594	0.2111
7	1	0.67599*	0.10442	0.000	0.3586	0.9933
	2	0.63419*	0.12823	0.000	0.2427	1.0257
	3	0.52411*	0.10550	0.000	0.2031	0.8451
	4	0.60478*	0.09958	0.000	0.3014	0.9081
	5	0.53125*	0.10426	0.000	0.2141	0.8484
	6	0.12411	0.11018	0.918	-0.2111	0.4594

注：*表示该地均值差是显著的。

表4-19给出了典型行业企业对客户综合服务能力评分均值。从结果可以看出，被调查者普遍认同企业对客户综合服务能力，对本企业转型升级可以产生比较重要的影响，评分均值均在4分以上。表4-20给出了典型行业

企业对客户综合服务能力评分方差分析结果。从结果可以看出，组间平方和的 F 值为 11.132，显著性为 0.000，小于显著水平 0.05，表明企业对客户综合服务能力对天津市不同典型行业的中小制造企业转型升级影响有显著差异。表4－21给出了典型行业企业对客户综合服务能力评分多重比较结果。从结果可以看出，装备制造业、生物医药业、石油化工业、交通运输业、能源材料业之间的企业对客户综合服务能力评分差异并不明显，日用消费品业、信息技术业之间的企业对客户综合服务能力评分差异也不明显，但装备制造业、生物医药业、石油化工业、交通运输业、能源材料业与日用消费品业、信息技术业间的企业对客户综合服务能力评分差异明显。这种情况与日用消费品业、信息技术业与客户联系比较密切，比较强调通过服务对客户需求的满足有关。对照表 4－19 的评分均值结果，日用消费品业、信息技术业的评分均值明显高于其他行业，进一步表明日用消费品业、信息技术业的中小制造企业转型升级中企业对客户综合服务能力对其影响强于其他几个行业。

八、企业高管综合能力分析结果

分析结果如表 4－22、表 4－23、表 4－24 所示。

表 4－22　企业高管综合能力评分均值

企业类型	平均值	个案数	企业类型	平均值	个案数
1	4.5789	38	5	4.5833	36
2	4.5588	34	6	4.5714	35
3	4.5714	35	7	4.6562	32
4	4.5000	34	总计	4.5738	244

表 4－23　企业高管综合能力评分方差分析结果

分类			平方和	自由度	均方	F	显著性
组间	（组合）		0.415	6	0.069	0.172	0.984
	线性项	未加权	0.090	1	0.090	0.223	0.637
		加权	0.076	1	0.076	0.189	0.664
		偏差	0.339	5	0.068	0.169	0.974
组内			95.257	237	0.402	—	—
总计			95.672	243	—	—	—

表 4-24 企业高管综合能力评分多重比较结果

(I) 企业类型	(J) 企业类型	平均值差值 (I-J)	标准误差	显著性	95% 置信区间	
					下限	上限
1	2	0.02012	0.16930	1.000	-0.4944	0.5347
	3	0.00752	0.15114	1.000	-0.4511	0.4662
	4	0.07895	0.16427	0.999	-0.4200	0.5779
	5	-0.00439	0.13865	1.000	-0.4257	0.4169
	6	0.00752	0.15660	1.000	-0.4677	0.4827
	7	-0.07730	0.13984	0.998	-0.5025	0.3479
2	1	-0.02012	0.16930	1.000	-0.5347	0.4944
	3	-0.01261	0.16416	1.000	-0.5124	0.4872
	4	0.05882	0.17632	1.000	-0.4774	0.5951
	5	-0.02451	0.15274	1.000	-0.4912	0.4422
	6	-0.01261	0.16920	1.000	-0.5273	0.5021
	7	-0.09743	0.15382	0.995	-0.5675	0.3727
3	1	-0.00752	0.15114	1.000	-0.4662	0.4511
	2	0.01261	0.16416	1.000	-0.4872	0.5124
	4	0.07143	0.15897	0.999	-0.4123	0.5551
	5	-0.01190	0.13232	1.000	-0.4143	0.3905
	6	0.00000	0.15103	1.000	-0.4589	0.4589
	7	-0.08482	0.13357	0.995	-0.4915	0.3218
4	1	-0.07895	0.16427	0.999	-0.5779	0.4200
	2	-0.05882	0.17632	1.000	-0.5951	0.4774
	3	-0.07143	0.15897	0.999	-0.5551	0.4123
	5	-0.08333	0.14714	0.998	-0.5324	0.3658
	6	-0.07143	0.16417	0.999	-0.5706	0.4278
	7	-0.15625	0.14827	0.939	-0.6089	0.2964
5	1	0.00439	0.13865	1.000	-0.4169	0.4257
	2	0.02451	0.15274	1.000	-0.4422	0.4912
	3	0.01190	0.13232	1.000	-0.3905	0.4143
	4	0.08333	0.14714	0.998	-0.3658	0.5324
	6	0.01190	0.13853	1.000	-0.4099	0.4337
	7	-0.07292	0.11925	0.996	-0.4357	0.2898

续表

(I) 企业类型	(J) 企业类型	平均值差值 (I-J)	标准误差	显著性	95%置信区间	
					下限	上限
6	1	-0.00752	0.15660	1.000	-0.4827	0.4677
	2	0.01261	0.16920	1.000	-0.5021	0.5273
	3	0.00000	0.15103	1.000	-0.4589	0.4589
	4	0.07143	0.16417	0.999	-0.4278	0.5706
	5	-0.01190	0.13853	1.000	-0.4337	0.4099
	7	-0.08482	0.13972	0.996	-0.5105	0.3409
7	1	0.07730	0.13984	0.998	-0.3479	0.5025
	2	0.09743	0.15382	0.995	-0.3727	0.5675
	3	0.08482	0.13357	0.995	-0.3218	0.4915
	4	0.15625	0.14827	0.939	-0.2964	0.6089
	5	0.07292	0.11925	0.996	-0.2898	0.4357
	6	0.08482	0.13972	0.996	-0.3409	0.5105

表4-22给出了典型行业企业高管综合能力评分均值。从结果可以看出，被调查者普遍认同企业高管综合能力对本企业转型升级可以产生非常重要的影响，评分均值均在4.5分以上。表4-23给出了典型行业企业高管综合能力评分方差分析结果。从结果可以看出，组间平方和的F值为0.172，显著性为0.984，大于显著水平0.05，表明企业高管综合能力对天津市不同典型行业的中小制造企业转型升级影响无显著差异。表4-24给出了典型行业企业高管综合能力评分多重比较结果。从结果可以看出，各行业间的企业高管综合能力评分差异并不明显，结合表4-22的企业高管综合能力评分均值均很高，说明各行业的中小制造企业转型升级中企业高管综合能力均发挥很大影响。

九、企业文化氛围分析结果

分析结果如表4-25、表4-26、表4-27所示。

表 4-25 企业文化氛围评分均值

企业类型	平均值	个案数	企业类型	平均值	个案数
1	4.4211	38	5	4.3611	36
2	4.5000	34	6	4.5714	35
3	4.4286	35	7	4.4688	32
4	4.4118	34	总计	4.4508	244

表 4-26 企业文化氛围评分方差分析结果

分类			平方和	自由度	均方	F	显著性
组间	（组合）		0.994	6	0.166	0.294	0.939
	线性项	未加权	0.059	1	0.059	0.105	0.746
		加权	0.062	1	0.062	0.110	0.741
		偏差	0.932	5	0.186	0.331	0.894
组内			133.416	237	0.563	—	—
总计			134.410	243	—	—	—

表 4-27 企业文化氛围评分多重比较结果

(I) 企业类型	(J) 企业类型	平均值差值 (I-J)	标准误差	显著性	95%置信区间	
					下限	上限
1	2	-0.07895	0.17271	0.999	-0.6033	0.4454
	3	-0.00752	0.18003	1.000	-0.5540	0.5390
	4	0.00929	0.17713	1.000	-0.5286	0.5471
	5	0.05994	0.18118	1.000	-0.4898	0.6097
	6	-0.15038	0.17044	0.974	-0.6676	0.3668
	7	-0.04770	0.18231	1.000	-0.6021	0.5068
2	1	0.07895	0.17271	0.999	-0.4454	0.6033
	3	0.07143	0.17887	1.000	-0.4723	0.6152
	4	0.08824	0.17595	0.999	-0.4469	0.6234
	5	0.13889	0.18002	0.987	-0.4082	0.6859
	6	-0.07143	0.16921	1.000	-0.5858	0.4429
	7	0.03125	0.18116	1.000	-0.5205	0.5830

续表

(I) 企业类型	(J) 企业类型	平均值差值 (I－J)	标准误差	显著性	95%置信区间	
					下限	上限
3	1	0.00752	0.18003	1.000	－0.5390	0.5540
	2	－0.07143	0.17887	1.000	－0.6152	0.4723
	4	0.01681	0.18314	1.000	－0.5399	0.5735
	5	0.06746	0.18706	1.000	－0.5006	0.6355
	6	－0.14286	0.17667	0.983	－0.6798	0.3941
	7	－0.04018	0.18815	1.000	－0.6127	0.5324
4	1	－0.00929	0.17713	1.000	－0.5471	0.5286
	2	－0.08824	0.17595	0.999	－0.6234	0.4469
	3	－0.01681	0.18314	1.000	－0.5735	0.5399
	5	0.05065	0.18427	1.000	－0.5092	0.6105
	6	－0.15966	0.17372	0.968	－0.6879	0.3685
	7	－0.05699	0.18538	1.000	－0.6214	0.5075
5	1	－0.05994	0.18118	1.000	－0.6097	0.4898
	2	－0.13889	0.18002	0.987	－0.6859	0.4082
	3	－0.06746	0.18706	1.000	－0.6355	0.5006
	4	－0.05065	0.18427	1.000	－0.6105	0.5092
	6	－0.21032	0.17784	0.898	－0.7506	0.3300
	7	－0.10764	0.18925	0.997	－0.6833	0.4680
6	1	0.15038	0.17044	0.974	－0.3668	0.6676
	2	0.07143	0.16921	1.000	－0.4429	0.5858
	3	0.14286	0.17667	0.983	－0.3941	0.6798
	4	0.15966	0.17372	0.968	－0.3685	0.6879
	5	0.21032	0.17784	0.898	－0.3300	0.7506
	7	0.10268	0.17900	0.997	－0.4425	0.6478
7	1	0.04770	0.18231	1.000	－0.5068	0.6021
	2	－0.03125	0.18116	1.000	－0.5830	0.5205
	3	0.04018	0.18815	1.000	－0.5324	0.6127
	4	0.05699	0.18538	1.000	－0.5075	0.6214
	5	0.10764	0.18925	0.997	－0.4680	0.6833
	6	－0.10268	0.17900	0.997	－0.6478	0.4425

表4-25给出了典型行业企业文化氛围评分均值。从结果可以看出，被调查者普遍认同企业文化氛围对本企业转型升级可以产生比较重要的影响，评分均值均在4分以上。表4-26给出了典型行业企业文化氛围评分方差分析结果。从结果可以看出，组间平方和的F值为0.294，显著性为0.939，大于显著水平0.05，表明企业文化氛围对天津市不同典型行业的中小制造企业转型升级影响无显著差异。表4-27给出了典型行业企业文化氛围评分多重比较结果。从结果可以看出，各行业间的企业文化氛围评分差异并不明显，结合表4-25的企业文化氛围评分均值均较高，说明各行业的中小制造企业转型升级中企业文化氛围均发挥较大影响。

十、企业管理制度方法分析结果

分析结果如表4-28、表4-29、表4-30所示。

表4-28　企业管理制度方法评分均值

企业类型	平均值	个案数	企业类型	平均值	个案数
1	4.4737	38	5	4.2778	36
2	4.4706	34	6	4.5429	35
3	4.4571	35	7	4.6250	32
4	4.5588	34	总计	4.4836	244

表4-29　企业管理制度方法评分方差分析结果

分类			平方和	自由度	均方	F	显著性
组间	（组合）		2.514	6	0.419	0.883	0.508
	线性项	未加权	0.218	1	0.218	0.459	0.499
		加权	0.180	1	0.180	0.379	0.539
		偏差	2.334	5	0.467	0.984	0.428
组内			112.420	237	0.474	—	—
总计			114.934	243	—	—	—

表4-30　企业管理制度方法评分多重比较结果

(I) 企业类型	(J) 企业类型	平均值差值 (I-J)	标准误差	显著性	95%置信区间	
					下限	上限
1	2	0.00310	0.15460	1.000	-0.4665	0.4727
	3	0.01654	0.16849	1.000	-0.4958	0.5289
	4	-0.08514	0.14846	0.997	-0.5359	0.3656
	5	0.19591	0.17157	0.913	-0.3257	0.7175
	6	-0.06917	0.14719	0.999	-0.5158	0.3775
	7	-0.15132	0.15689	0.960	-0.6285	0.3259
2	1	-0.00310	0.15460	1.000	-0.4727	0.4665
	3	0.01345	0.17401	1.000	-0.5158	0.5427
	4	-0.08824	0.15470	0.997	-0.5588	0.3823
	5	0.19281	0.17700	0.929	-0.3453	0.7309
	6	-0.07227	0.15348	0.999	-0.5390	0.3944
	7	-0.15441	0.16281	0.963	-0.6501	0.3412
3	1	-0.01654	0.16849	1.000	-0.5289	0.4958
	2	-0.01345	0.17401	1.000	-0.5427	0.5158
	4	-0.10168	0.16858	0.996	-0.6148	0.4114
	5	0.17937	0.18924	0.963	-0.3954	0.7541
	6	-0.08571	0.16746	0.999	-0.5954	0.4240
	7	-0.16786	0.17604	0.962	-0.7036	0.3679
4	1	0.08514	0.14846	0.997	-0.3656	0.5359
	2	0.08824	0.15470	0.997	-0.3823	0.5588
	3	0.10168	0.16858	0.996	-0.4114	0.6148
	5	0.28105	0.17166	0.659	-0.2413	0.8034
	6	0.01597	0.14730	1.000	-0.4318	0.4637
	7	-0.06618	0.15699	1.000	-0.5443	0.4120
5	1	-0.19591	0.17157	0.913	-0.7175	0.3257
	2	-0.19281	0.17700	0.929	-0.7309	0.3453
	3	-0.17937	0.18924	0.963	-0.7541	0.3954
	4	-0.28105	0.17166	0.659	-0.8034	0.2413
	6	-0.26508	0.17056	0.711	-0.7841	0.2539
	7	-0.34722	0.17899	0.462	-0.8917	0.1973

续表

(I) 企业类型	(J) 企业类型	平均值差值 (I-J)	标准误差	显著性	95%置信区间	
					下限	上限
6	1	0.06917	0.14719	0.999	-0.3775	0.5158
	2	0.07227	0.15348	0.999	-0.3944	0.5390
	3	0.08571	0.16746	0.999	-0.4240	0.5954
	4	-0.01597	0.14730	1.000	-0.4637	0.4318
	5	0.26508	0.17056	0.711	-0.2539	0.7841
	7	-0.08214	0.15579	0.998	-0.5566	0.3923
7	1	0.15132	0.15689	0.960	-0.3259	0.6285
	2	0.15441	0.16281	0.963	-0.3412	0.6501
	3	0.16786	0.17604	0.962	-0.3679	0.7036
	4	0.06618	0.15699	1.000	-0.4120	0.5443
	5	0.34722	0.17899	0.462	-0.1973	0.8917
	6	0.08214	0.15579	0.998	-0.3923	0.5566

表4-28给出了典型行业企业管理制度方法评分均值。从结果可以看出，被调查者普遍认同企业管理制度方法对本企业转型升级可以产生比较重要的影响，评分均值均在4分以上。表4-29给出了典型行业企业管理制度方法评分方差分析结果。从结果可以看出，组间平方和的F值为0.883，显著性为0.508，大于显著水平0.05，表明企业管理制度方法对天津市不同典型行业的中小制造企业转型升级影响无显著差异。表4-30给出了典型行业企业管理制度方法评分多重比较结果。从结果可以看出，各行业间的企业管理制度方法评分差异并不明显，结合表4-28的企业管理制度方法评分均值均较高，说明各行业的中小制造企业转型升级中企业管理制度方法均发挥较大影响。

十一、资源投入分析结果

分析结果如表4-31、表4-32、表4-33所示。

表 4-31　资源投入评分均值

企业类型	平均值	个案数	企业类型	平均值	个案数
1	4.6842	38	5	4.6389	36
2	4.5588	34	6	4.5714	35
3	4.6857	35	7	4.6875	32
4	4.7353	34	总计	4.6516	244

表 4-32　资源投入评分方差分析结果

分类			平方和	自由度	均方	F	显著性
组间	（组合）		0.884	6	0.147	0.641	0.698
	线性项	未加权	0.000	1	0.000	0.001	0.978
		加权	0.002	1	0.002	0.007	0.935
		偏差	0.882	5	0.176	0.767	0.574
组内			54.505	237	0.230	—	—
总计			55.389	243	—	—	—

表 4-33　资源投入评分多重比较结果

（I）企业类型	（J）企业类型	平均值差值（I-J）	标准误差	显著性	95%置信区间	
					下限	上限
1	2	0.12539	0.11537	0.930	-0.2252	0.4760
	3	-0.00150	0.11035	1.000	-0.3364	0.3334
	4	-0.05108	0.10834	0.999	-0.3800	0.2778
	5	0.04532	0.11150	1.000	-0.2929	0.3836
	6	0.11278	0.11420	0.955	-0.2340	0.4595
	7	-0.00329	0.11300	1.000	-0.3470	0.3404
2	1	-0.12539	0.11537	0.930	-0.4760	0.2252
	3	-0.12689	0.11751	0.932	-0.4842	0.2304
	4	-0.17647	0.11562	0.728	-0.5282	0.1753
	5	-0.08007	0.11859	0.994	-0.4405	0.2803
	6	-0.01261	0.12114	1.000	-0.3808	0.3556
	7	-0.12868	0.12001	0.934	-0.4940	0.2366

续表

(I) 企业类型	(J) 企业类型	平均值差值 (I-J)	标准误差	显著性	95%置信区间	
					下限	上限
3	1	0.00150	0.11035	1.000	-0.3334	0.3364
	2	0.12689	0.11751	0.932	-0.2304	0.4842
	4	-0.04958	0.11062	0.999	-0.3858	0.2867
	5	0.04683	0.11371	1.000	-0.2985	0.3922
	6	0.11429	0.11637	0.956	-0.2393	0.4679
	7	-0.00179	0.11519	1.000	-0.3524	0.3488
4	1	0.05108	0.10834	0.999	-0.2778	0.3800
	2	0.17647	0.11562	0.728	-0.1753	0.5282
	3	0.04958	0.11062	0.999	-0.2867	0.3858
	5	0.09641	0.11176	0.977	-0.2432	0.4360
	6	0.16387	0.11446	0.783	-0.1841	0.5119
	7	0.04779	0.11326	1.000	-0.2971	0.3927
5	1	-0.04532	0.11150	1.000	-0.3836	0.2929
	2	0.08007	0.11859	0.994	-0.2803	0.4405
	3	-0.04683	0.11371	1.000	-0.3922	0.2985
	4	-0.09641	0.11176	0.977	-0.4360	0.2432
	6	0.06746	0.11745	0.997	-0.2893	0.4242
	7	-0.04861	0.11628	1.000	-0.4023	0.3051
6	1	-0.11278	0.11420	0.955	-0.4595	0.2340
	2	0.01261	0.12114	1.000	-0.3556	0.3808
	3	-0.11429	0.11637	0.956	-0.4679	0.2393
	4	-0.16387	0.11446	0.783	-0.5119	0.1841
	5	-0.06746	0.11745	0.997	-0.4242	0.2893
	7	-0.11607	0.11888	0.957	-0.4778	0.2456
7	1	0.00329	0.11300	1.000	-0.3404	0.3470
	2	0.12868	0.12001	0.934	-0.2366	0.4940
	3	0.00179	0.11519	1.000	-0.3488	0.3524
	4	-0.04779	0.11326	1.000	-0.3927	0.2971
	5	0.04861	0.11628	1.000	-0.3051	0.4023
	6	0.11607	0.11888	0.957	-0.2456	0.4778

表4－31给出了典型行业资源投入评分均值。从结果可以看出，被调查者普遍认同资源投入对本企业转型升级可以产生非常重要的影响，评分均值均在4.5分以上。表4－32给出了典型行业资源投入评分方差分析结果。从结果可以看出，组间平方和的F值为0.641，显著性为0.698，大于显著水平0.05，表明资源投入对天津市不同典型行业的中小制造企业转型升级影响无显著差异。表4－33给出了典型行业资源投入评分多重比较结果。从结果可以看出，各行业间的资源投入评分差异并不明显，结合表4－31的资源投入评分均值均很高，说明各行业的中小制造企业转型升级中资源投入均发挥很大影响。

十二、政府政策分析结果

分析结果如表4－34、表4－35、表4－36所示。

表4－34　政府政策评分均值

企业类型	平均值	个案数	企业类型	平均值	个案数
1	4.7368	38	5	4.6111	36
2	4.6765	34	6	4.5429	35
3	4.5714	35	7	4.7500	32
4	4.7059	34	总计	4.6557	244

表4－35　政府政策评分方差分析结果

分类			平方和	自由度	均方	F	显著性
组间	（组合）		1.401	6	0.233	1.031	0.406
	线性项	未加权	0.044	1	0.044	0.194	0.660
		加权	0.068	1	0.068	0.301	0.583
		偏差	1.333	5	0.267	1.177	0.321
组内			53.681	237	0.227	—	—
总计			55.082	243	—	—	—

表 4-36 政府政策评分多重比较结果

(I) 企业类型	(J) 企业类型	平均值差值 (I-J)	标准误差	显著性	95%置信区间	
					下限	上限
1	2	0.06037	0.10896	0.998	-0.2707	0.3914
	3	0.16541	0.11155	0.754	-0.1735	0.5043
	4	0.03096	0.10739	1.000	-0.2952	0.3572
	5	0.12573	0.10969	0.911	-0.2072	0.4587
	6	0.19398	0.11198	0.597	-0.1462	0.5342
	7	-0.01316	0.10625	1.000	-0.3362	0.3099
2	1	-0.06037	0.10896	0.998	-0.3914	0.2707
	3	0.10504	0.11762	0.972	-0.2525	0.4626
	4	-0.02941	0.11368	1.000	-0.3751	0.3163
	5	0.06536	0.11585	0.998	-0.2866	0.4174
	6	0.13361	0.11803	0.916	-0.2252	0.4924
	7	-0.07353	0.11261	0.995	-0.4163	0.2693
3	1	-0.16541	0.11155	0.754	-0.5043	0.1735
	2	-0.10504	0.11762	0.972	-0.4626	0.2525
	4	-0.13445	0.11616	0.907	-0.4876	0.2187
	5	-0.03968	0.11829	1.000	-0.3990	0.3196
	6	0.02857	0.12042	1.000	-0.3373	0.3945
	7	-0.17857	0.11511	0.713	-0.5288	0.1717
4	1	-0.03096	0.10739	1.000	-0.3572	0.2952
	2	0.02941	0.11368	1.000	-0.3163	0.3751
	3	0.13445	0.11616	0.907	-0.2187	0.4876
	5	0.09477	0.11437	0.981	-0.2527	0.4423
	6	0.16303	0.11658	0.801	-0.1914	0.5174
	7	-0.04412	0.11108	1.000	-0.3823	0.2940
5	1	-0.12573	0.10969	0.911	-0.4587	0.2072
	2	-0.06536	0.11585	0.998	-0.4174	0.2866
	3	0.03968	0.11829	1.000	-0.3196	0.3990
	4	-0.09477	0.11437	0.981	-0.4423	0.2527
	6	0.06825	0.11870	0.997	-0.2923	0.4288
	7	-0.13889	0.11331	0.882	-0.4835	0.2057

续表

(I) 企业类型	(J) 企业类型	平均值差值 (I-J)	标准误差	显著性	95%置信区间	
					下限	上限
6	1	-0.19398	0.11198	0.597	-0.5342	0.1462
	2	-0.13361	0.11803	0.916	-0.4924	0.2252
	3	-0.02857	0.12042	1.000	-0.3945	0.3373
	4	-0.16303	0.11658	0.801	-0.5174	0.1914
	5	-0.06825	0.11870	0.997	-0.4288	0.2923
	7	-0.20714	0.11553	0.558	-0.5587	0.1444
7	1	0.01316	0.10625	1.000	-0.3099	0.3362
	2	0.07353	0.11261	0.995	-0.2693	0.4163
	3	0.17857	0.11511	0.713	-0.1717	0.5288
	4	0.04412	0.11108	1.000	-0.2940	0.3823
	5	0.13889	0.11331	0.882	-0.2057	0.4835
	6	0.20714	0.11553	0.558	-0.1444	0.5587

表4-34给出了典型行业政府政策评分均值。从结果可以看出，被调查者普遍认同政府政策对本企业转型升级可以产生非常重要的影响，评分均值均在4.5分以上。表4-35给出了典型行业政府政策评分方差分析结果。从结果可以看出，组间平方和的F值为1.031，显著性为0.406，大于显著水平0.05，表明政府政策对天津市不同典型行业的中小制造企业转型升级影响无显著差异。表4-36给出了典型行业政府政策评分多重比较结果。从结果可以看出，各行业间的政府政策评分差异并不明显，结合表4-34的政府政策评分均值均很高，说明各行业的中小制造企业转型升级中政府政策均发挥很大影响。

通过上面的调研结果分析，我们可以得出如下认识：

1. 在天津市中小制造企业的转型升级过程中，有两项工作非常重要，一是提升企业的自主创新能力；二是提升企业的管理水平。从前一项工作来说，虽然各行各业采取的提升企业自主创新能力的形式不同，但普遍认为，自主创新能力对转型升级有重要影响。从后一项工作来说，企业高管综合能力、企业文化氛围、企业管理制度方法等因素均与提升企业管理水平有关，其中企业高管综合能力与企业文化氛围方差分析结果中，组间显著性均超过了0.9，显示出不同行业企业对企业高管的综合能力、企业文化氛围对企业转型升级有重要影响和高度的一致性，这说明转型升级中要想提升企业管理水平，采用各种各样的科学管理制度和方法固然重要，但要想在企业中顺利实施，需要考虑企业高管的管理能力的发挥，以及企业文化氛围激发员工的积极性。

2. 在天津市中小制造企业的转型升级中，涉及两条主线：一是从价值链角度来说，关系企业从原材料采购到生产制造再到销售的整个环节，把企业与上下游企业及客户都串联起来。这其中，企业与上游企业、同行业企业、下游企业及客户的关系都会关系企业转型升级的效果。当然在企业进行价值活动的过程中，上面所说的企业自主创新能力和管理水平也会影响企业转型升级效果。二是从政府、行业、企业不同宏观和微观主体的衔接角度来说，政府采取的各种导向性政策和给企业进行的外部资源投入、行业集聚程度和竞争状况、企业自身资源投入和技术管理水平等方面会从宏观、中观、微观环境上系统影响企业转型升级效果。

3. 不同行业的天津市中小制造企业在转型升级路径上，既存在某些共通的地方，也存在一定的差异性，这一点在前面的调研中有所显示。在某些因素上，各行业的企业看法不存在显著差异，而另一些因素则呈现出一定差异。这在一定程度上说明对某些行业的中小制造企业来说，相对于其他行业的企业，更适合采取某种特定路径。

因此，在后文对天津市中小制造企业转型升级路径的研究中，我们首先将分别系统阐述如何提升企业自主创新能力、如何科学地对企业高管定价、如何构建有助于激发与转型升级关系密切的员工积极性的企业文化等重要工作，然后将从产业价值链角度与市场宏观和微观主体衔接角度提出天津市中小制造企业转型升级衡量标准，而后从共性和差异性角度有针对性地提出天津市中小制造企业转型升级具体路径。

第五章

天津市中小制造企业自主创新能力提升

在天津市中小制造企业转型升级过程中，提升企业自主创新能力是各企业在进行转型升级中必经的一个环节。但由于企业自身的研发基础不同，在企业进行转型升级的过程中，不同企业采取的方式有差异。由前面的调研我们也发现，装备制造业、能源材料业、信息技术业研发实力较强，相对其他行业的中小制造企业更倾向采用原始创新；生物医药业、日用消费品业则更倾向采用消化吸收再创新；而集成创新则是各行业的企业普遍采用的方式。下面将从对这三种方式内在机理的分析中，为这三种方式下企业自主创新能力提升提出相关建议。

第一节　企业自主创新的内在机理

无论是原始创新、集成创新还是消化吸收再创新，其创新本质上都体现为一种知识创造过程，而且这种知识创造过程体现出一定的类生物属性。具体来看，知识创造过程包括知识准备、知识生发、知识扩散等循序渐进的环节，这些环节反映了知识从个体知识向组织群体知识演变的生物成长过程。在知识准备阶段，主要反映知识载体即企业员工从组织内外部环境获取知识资源，为知识创造活动进行知识储备，形成知识创造基本灵感的过程，体现了知识载体与知识环境之间的联系。在知识生发阶段，主要反映知识载体对知识创造基本灵感进行加工，为知识创造活动进行知识处理，形成个体知识的过程，体现了知识载体对知识创造基本灵感的内在加工特性。在知识扩散阶段，主要反映知识载体在知识交流场所中沟通各自的个体知识，为知识创造活动进行知识传递，形成组织群体知识的过程，体现了知识载体在知识共享乃至升华中的联系。下面我们分别看一下三种自主创新方式下的知识创造过程。

一、原始创新方式下的知识创造过程

（一）原始创新方式下的知识准备过程

由于知识的原始创新结果带有先导性、超前性和稀缺性的特征，在知识

创造过程中，知识载体产生创造的灵感往往无先例可循，因此这种灵感只能来源于知识载体长期知识的积累。这种来源可分为来自组织外部的知识源和来自组织内部的知识源，前者如知识载体长期以来接受的本企业以外提供的教育培训、搜集的行业发展动向、竞争对手情报、顾客需求情报等，构成知识载体形成创造灵感的外部信息环境，也可称为外部知识场。后者如知识载体长期以来接受的本企业提供的教育培训、知识载体之间的学习交流等，构成知识载体形成创造灵感的内部信息环境，也可称为内部知识场。

内外部知识场提供的信息经过较长时期的沉淀，形成知识载体进行知识创造的基本灵感，这种基本灵感虽然并未表现为系统成形的个体知识形态，但可能以知识片段的形式成为个体进行知识生发过程的起始点，我们也形象地将这种基本灵感称为知识孢子。

（二）原始创新方式下的知识生发过程

知识载体在产生知识创造的基本灵感后，为提出带有明显原创性特征的知识成果，需要利用自身目前已掌握的知识，对这些分散的知识片段进行加工整理，而整理的过程则表现为对目前的灵感进行系统和彻底的思考，使之升华为综合而有形，同时又与目前所掌握的知识带有本质区别的新知识，这一加工整理过程可称之为突变，反映了人脑对全新知识的创生。经过突变过程，知识载体初步提出带有明显个体特征的原创性知识体系，我们也把这一知识体系称作个体原生知识菌株。

（三）原始创新方式下的知识扩散过程

在知识载体提出各自的个体原生知识菌株后，它们需要借助企业内部的知识交流吧，即知识交流的某种媒介，如小组会议、演示讨论、内部手册等，进行个体知识的共享。为在知识交流吧共享个体知识，知识载体需要将个体原生知识菌株以某种方式进行外化，即通过语言、文字、行为等方式让其他参与知识交流吧活动的知识载体理解自己的知识体系。在各个知识载体通过知识交流吧将自己的知识体系外化并互动交流后，知识交流吧会将交流中形成的重构信息反向传递给各参与活动的知识载体，以便他们据此重构开始提出的个体原生知识菌株，该过程叫作反馈。

而后，知识载体再次进行知识生发过程，产生新的个体原生知识菌株，并继续借助知识交流吧进行互动重构。每次发生于知识交流吧的互动重构过程实际是知识载体间原创思想的激烈碰撞过程，体现了对每个载体之前知识体系既坚持又否定的辩证过程，即坚持之前思想中能够体现逻辑合理性的方面，否定之前思想中不能体现逻辑合理性的方面。可以将每次碰撞过程称作一次扬弃。经过多次扬弃过程后，最终各知识载体将在充分理解他人知识体系的基础上形成趋于一致的共识。此时知识载体的个体原创性知识体系升华为组织的群体原创性知识体系，也叫作组织原生知识菌群，并通过原始理论、技术等形式表现出来，从而产生形成企业核心竞争力的组织原生知识，完成原始创新方式下的知识创造过程。

二、集成创新方式下的知识创造过程

（一）集成创新方式下的知识准备过程

与原始创新不同，企业内部的知识载体在进行知识的集成创新时，并不是完全无先例可循，而是可以利用现有的知识产生创造的基本灵感。因此，对产生知识创造基本灵感即知识孢子而言，集成创新对外部知识场的依赖主要体现为直接从企业外部引入现有的知识，这种知识往往并非需要长期积淀，只要能够成为产生知识孢子的依据，就可将该知识引入知识载体进行后续加工。相对来说，集成创新对内部知识场的依赖要弱于原始创新，在绝大多数情况下，知识载体并不需要企业内部知识的长期沉淀才能形成知识孢子，只需要进行内部知识的适度积累，知道如何利用引入的外部知识即可。这样，经过外部知识场信息的直接引入与内部知识场信息的适度积累，形成知识载体进行集成创新的知识孢子。

（二）集成创新方式下的知识生发过程

知识载体在集成创新路径下对知识孢子即分散的知识片段进行加工的方式与原始创新存在根本区别。它不像原始创新那样采用突变的方式进行知识加工，而是采用聚合的方式进行知识加工。所谓聚合是指知识载体在加工过程中不改变知识片段的本质内涵，只是把分散的知识片段以有序的方式组合起来，形成结构创新的新型知识体系。聚合的结果是形成带有明显个体特征的衍生性知识体系。之所以称为衍生，是因为这种知识体系与形成知识孢子的知识场中的信息并非像原创性知识体系那样具有本质区别，相反，是由这些信息延伸产生的，我们也把这种衍生性知识体系称为个体衍生知识菌株。

（三）集成创新方式下的知识扩散过程

知识载体形成个体衍生知识菌株后，与原始创新类似，也需要通过外化将自己的知识在知识交流吧与其他知识载体进行交流，并将互动重构后的知识反馈给知识载体进行后续知识加工。但与原始创新不同的是，发生在知识交流吧的个体知识互动重构过程并不表现为扬弃，而是表现为塑形。塑形是指知识交流吧中知识载体提供的个体衍生知识由于均来自于现有知识资源，因此并非需要经历如扬弃过程般思想的激烈碰撞，互动重构的过程主要是将不同的个体衍生知识进行系统化整合。而多次系统化整合的结果，是形成组织内所公认的有形化集成成果，如集成化产品、工艺等。此时，知识载体的个体衍生知识经知识扩散升华为组织衍生知识，如果用生态学的观点解释，则是个体衍生知识菌株，个体衍生知识菌株经过杂交改良，成为组织衍生知识菌群。

三、消化吸收再创新方式下的知识创造过程

（一）消化吸收再创新方式下的知识准备过程

在形成消化吸收创新方式下知识创造的基本灵感即知识孢子过程中，知识载体也需要从外部知识场直接引入现有的知识资源进行后续加工。但与集成创新不同的是，在集成创新中企业内部往往对待加工的知识有相当程度的了解，已知如何利用这些知识进行再创造。而在消化吸收创新中，企业内部在引入外部知识时，往往对引入的知识缺乏了解，不能为知识载体进行知识

准备提供有效的信息源，导致消化吸收创新的知识孢子产生往往不依赖内部知识场。这样，经过外部知识场信息的直接引入，形成知识载体进行消化吸收创新的知识孢子。

（二）消化吸收再创新方式下的知识生发过程

在消化吸收再创新的知识生发阶段，由于知识载体起初对从外部知识场直接引入的知识缺乏了解，所以在对构成知识孢子的知识片段进行加工的过程中，不能像集成创新那样采取直接聚合的方式，而首先要对这些知识片段进行分析，然后通过了解这些片段形成对其的感悟，知道如何对它们进行整理，我们将这一过程称为消化。最后，对经过消化的知识片段再进行聚合，形成带有明显个体特征的衍生性知识体系，也称作个体衍生知识菌株。

（三）消化吸收再创新方式下的知识扩散过程

个体衍生知识菌株形成后，与前两种创新方式类似，也需要借助知识交流平台将外化的个体知识进行互动重构，并反馈给各知识载体进行再次加工。但在知识交流平台进行的知识互动重构过程又表现出与前两种创新方式截然不同的特征。由于消化吸收再创新对现有知识依赖性很强，往往体现出在模仿的基础上进行产品、工艺局部环节创新的特性，这种创新性体现最不明显，所以知识载体在知识交流吧互动的过程主要是将自己的局部创新思想传递给其他成员，让其他成员对局部创新观点产生共识，却不用体现出思想的过分激烈碰撞或系统化整合。我们将在知识交流吧进行的上述互动重构过程称为渗透。经过多次渗透，使知识载体的个体知识趋于同化，形成组织衍生知识体系，具体表现形式为产品、工艺某些环节的局部创新。如果用生态学的观点解释，可以理解为个体衍生知识菌株经过复制转录，成为组织衍生知识菌群。

从上面的分析中可以看出，三种创新方式下的知识创造过程受知识准备、知识生发、知识扩散各阶段的系统影响，因此三种方式下企业自主创新能力提升需要全面考虑知识创造过程经历的各个阶段，才能提出具体对策。

第二节　原始创新方式下企业自主创新能力提升对策

一、原始创新方式下知识准备阶段对策

（一）加强原始创新的内部知识储备

由于原始创新的内部知识往往需要经过长期积累才能形成，故此企业必须重视内部知识储备。一方面，要建立起对企业关键员工尤其是技术员工的全面管理机制，既要重视骨干人才引进工作，更要重视引进后的人才使用、激励、考核工作，同时也应加强企业原有员工的鉴别、开发、激励、考核工作，已形成持续的原创性知识储备人才体系。另一方面，对企业现有的原创性知识要加强保护，现实中经常出现自主开发的技术由于没有申请专利反而构成侵权的现象，故此企业必须对已开发出来的基础知识及时申请专利取得知识产权保护，以利于后续的知识开发。

（二）注重在可产生突破的外部知识领域进行知识挖掘

为产生原始创新的基本灵感，很多企业往往不加选择的吸纳各种外部知识，这种做法反而会分散企业对可以真正形成突破点的外部知识的关注程度，导致一些新举措无法真正落地的尴尬局面。有鉴于此，企业如果准备进行原始创新，必须根据自己现有的内部知识准备情况，科学评价可能与之形成有效配合的外部知识究竟集中于哪个方面，然后集中力量以此为突破口进行外部知识的挖掘，才能与内部知识储备形成合力，为企业的知识创造提供基本灵感。

二、原始创新方式下知识生发阶段对策

（一）重视建立多层次研发体系

知识的原始创造过程是原始创新的根本，这决定了原始创新方式下的知识创造过程不仅要有应用创新，还要有基础创新。如果只重视能为企业带来

短期效益的应用创新，必然使该种方式下的知识创造活动陷入急功近利的局面，也无法支撑企业形成持续的核心竞争优势。基础创新从长远来看有利于系统性的原创知识的建立，这是采取该种创新方式的企业转型升级后持续发展的核心，因此，在企业中应设立专门的部门进行基础创新的研发，并采取各种扶持政策保证该部门能在企业内部获得与涉及应用创新的研发部门并行发展的机会，以使基础创新工作能在企业持续进行。

（二）重视进行基础创新方面的产学研多角度合作

多角度的产学研合作对于从事原始创新的企业进行基础创新尤为重要，能够集中各种智慧在某个关键基础领域实现重点突破。这种合作可采取在企业内设立产学研合作专门机构的形式进行，也可以采取聘请某个高校学者或研究人员担任企业顾问的方式进行，还可以采取围绕某个关键基础创新项目组建临时产学研攻关小组的方式进行。通过上述这些形式多样的产学研合作，有利于不同知识的有效集成，进而推动知识创造过程向纵深发展。

三、原始创新方式下知识扩散阶段对策

（一）建立倡导原始创新的企业文化

在采取该种创新方式的企业里，员工个体经过知识突变而形成的个体原创知识是有限的，如果没有倡导原始创新的企业文化氛围，很容易出现员工闭门造车产生的个体知识孤立、重复的现象，也不利于有效激发员工知识共享意愿，提高员工间知识分享频率，最终将导致个体知识转化为组织知识的进程过于缓慢，严重影响企业的原始创新效率。因此，实行原始创新的企业应着力加强倡导原始创新的企业文化建设，引导企业员工自觉参与并积极进行原始创新并分享创新成果的过程中来，提高个体原始创新成果在企业内扩散的速度。

（二）积极进行员工知识共享整体能力的开发

在该种创新方式下进行知识共享的过程中，由于员工个体局限性，在知

识传递、接收、整合各项能力上存在整体欠缺，因此，建议企业对员工知识共享能力的所有环节进行系统开发，以便提升知识共享效果。企业在平时应注意在员工中进行调查，发现员工交流中在个体知识创造成果能力方面存在的具体缺陷，对于共性问题可组织针对性培训并加以克服，对于个别问题可采取一对一帮扶的方式，让有经验的员工传授经验，以期提高他们的知识共享能力。

第三节　集成创新方式下企业自主创新能力提升对策

一、集成创新方式下知识准备阶段对策

（一）建立健全内外部知识获取渠道

集成创新方式下内外部知识获取渠道有待进一步完善，需要通过各种渠道从企业内外部获取现有知识、技术并进行组合深加工有关。如果知识获取渠道较为狭窄，会对获取的知识范围产生影响，不利于集成创新工作的开展。因此，集成创新方式下企业应重视各种内外部知识获取渠道的建设，利用诸如设备购买、技术转让、专利权转让经验传授等多种方式从内外部获取知识，为知识集成奠定基础。

（二）注重知识准备全环节的建设

集成创新方式下知识准备阶段受多种要素影响，并有待进一步完善。因此，在集成创新方式下，不应片面关注知识准备阶段某个节点的建设，而应综合考虑要素的全面建设。另外，对于准备进行集成创新领域的知识储量、集成创新知识获取重点突破口的选择、提高知识获取效率应有全盘考虑。这其中，选择具有一定内部知识储备基础、完善的知识获取渠道、获取内部知识效率较高的领域，并从该领域入手寻找与该领域的内部知识相配合的外部成熟知识作为突破口，能够明显提高集成创新的针对性和有效性，保证集成

创新整体过程的顺利进行。

二、集成创新方式下知识生发阶段对策

（一）重视集成创新中的跨部门合作

集成创新不像原始创新那样强调基础创新工作，但对应用创新的强调程度则要大于原始创新，而且由于这种创新更容易被竞争对手模仿，所以对知识加工中知识集成要求比原始创新方式下的知识集成效率更高。这就必须加强集成创新中的跨部门合作，既要强调原始创新方式下的产学研合作，还要强调企业内部研发部门与资源调度管理部门，市场需求分析与实现部门的合作。充分实现企业内外部部门在知识集成方面的叠加效应，使集成速度保持在一定水准，才能在市场竞争中占领先机。

（二）加强对员工知识集成能力的开发培育

集成创新方式下，员工知识集成能力是进行知识深加工的基础，集成创新中的知识创造必须依托对现有知识的有效归纳才能进行，所以对员工知识集成能力的培育应该上升到重要高度。为促进员工知识集成能力的开发，企业可采取传授+体验的方式，先通过集体培训或重点辅导的方式告知员工如何进行更高效知识集成的手段与方法，然后制订考核与激励政策，鼓励员工把所学到的知识集成手段方法自觉运用到实际工作中，通过这种“干中学”的方式，使越来越多的员工知识集成能力有所提高，从而促进企业整体知识集成能力的全面提升。

三、集成创新方式下知识扩散阶段对策

（一）以提高员工知识传递能力和接收能力为基础，加强员工知识共享能力的开发

集成创新方式下，员工知识传递、接收能力等员工知识共享能力仍然在知识共享过程中扮演重要地位，但在现实中，很多企业员工在上述能力上有

待提高，不利于新知识在企业内的分享。因此，集成创新方式下员工知识共享能力的开发应以员工知识传递和接收能力为基点展开，重点以开发员工合理组织信息向外界传递，并正确理解他人发送的信息的能力为主攻方向。可以围绕这两种能力组织专题讲座、经验分享、模拟演练，使这两种与沟通密切相关的能力得到综合提高，并促进员工知识共享能力的发展。

（二）提升知识易于被他人理解的程度

集成创新方式下，知识的显性程度对知识共享的重要性较强，采用集成创新方式的企业必须通过各种形式提升员工呈现的知识易于被他人理解的程度。可以在知识共享前围绕共享的知识事先让相应的员工形成书面材料，让知识共享过程的其他人员提前对材料有所熟悉，并对每次知识共享的结果及时总结，采取某种易于被群体成员共同接收的方式记录下来，并形成规范制度，从而可大大提高共享知识的易于被理解的程度，而这一程度的提高也将对员工知识吸收效率产生积极作用，并最终促进集成创新下知识共享效率的提升。

第四节　消化吸收再创新方式下企业自主创新能力提升对策

一、消化吸收再创新方式下知识准备阶段对策

（一）注重对预引进的外部知识技术适用性的评价

由于企业受到内部知识匮乏的限制，创新开始阶段只能依赖于从企业外部引入知识，由于仿制程度较高，所以企业一旦无法将引入知识转化为企业内部知识，往往会对企业造成灾难性后果。在现实中，采取该种方式的企业经常出现围绕某项技术扎堆引进的现象，一拥而上进行简单模仿的后果就是后续生产的产品或形成的工艺粗制滥造，技术含量低下，无法形成企业独特的竞争优势。因此必须从企业内部抽调合适的人员组成专业评估小组，对该

技术知识的应用前景进行科学评估，保证评估结果的科学严谨。只有这样，才能从源头上保证企业获取的外部知识具有较强的生命力。

（二）通过各种途径提高从企业外部获取知识的效率

在消化吸收再创新方式下，由于企业引入知识进行创新的程度要远低于前两种方式，技术壁垒相对较低，很容易被其他竞争对手模仿，故此效率必须成为运用该种方式进行自主创新的企业考虑的关键问题。效率体现在知识获取中就是要想方设法提升引入外部知识的速度。为了达到这个目的，企业一方面可建立完备的资料信息平台，提升从外部捕捉可为企业所用的敏感信息的能力；另一方面则要求涉及从企业外部获取信息的部门加强协作，制定高效规范的协作制度，提升知识获取工作每一步的效率，才能使知识获取的整体效率得到提升。

二、消化吸收再创新方式下知识生发阶段对策

（一）加强对引入的外部知识学习

在消化吸收再创新方式下，对吸收的外部知识有效集成及分析的能力是对知识进行深加工的基础。由于评价中员工知识集成能力评价尚可，故此提高员工知识分析能力成为改进的重点环节。分析能力强弱关系企业理解引入的外部知识的效率，这是提升知识加工环节效率的核心。因此，企业应建立完善的制度，对企业相关部门组织员工学习引入的外部知识进行有序管理，形成浓厚的倡导学习先进知识的企业文化氛围。另外，也要帮助员工学习引入的知识，如从企业外部聘请专业人员担任顾问，为员工学习外部知识安排专门时间，对员工学习外部知识及时进行奖励等。通过这些手段的综合运用，最终提升企业员工消化外部知识的能力，为知识后续加工创造有利条件。

（二）适度加强企业自身研发力量建设

在消化吸收再创新路径下，员工知识创造和知识加工能力相对弱于原始创新路径。因此，采取消化吸收再创新路径的企业内部研发力量虽然较弱，

但不等于应被置于次要地位，毕竟企业对引入的外部知识消化后必须经过内部研发机构的再加工才能真正为企业所用。所以，企业可采取适当引入关键人才加入内部研发机构、长期聘请内部研发机构技术顾问、组织研发机构进行常态性技术培训等方式，强化企业内部研发力量。同时，这也能为企业提升自主创新能力奠定技术基础。

三、消化吸收再创新方式下知识扩散阶段对策

（一）从主客观结合的角度为员工知识共享创造条件

在组织内部知识共享渠道这一客观条件上，消化吸收再创新方式下的知识共享存在不完善的方面。同时，在员工知识共享意愿、员工知识整合能力等主观条件下，消化吸收再创新方式下的知识共享同样存在不完善的方面。由于要形成此创新方式下企业的核心竞争力，借助知识共享过程把个体知识扩散为组织知识非常重要，所以必须对主客观因素同时考量，以全面改善此方式下知识共享水平。一方面，企业要拓宽内部知识共享渠道，利用发行企业技术内刊，组织技术骨干宣讲、进行企业内部技术研讨等方式增强渠道的丰富性；另一方面，通过企业文化的导向作用增强员工主动分享知识的意愿，并对主动分享知识的行为予以表彰奖励，还要对员工知识整合能力进行有意识的训练，提升其知识整合水平。通过上述主客观条件的改善，可以有效地促进企业内部知识共享程度的提高。

（二）积极开发员工知识整合能力

消化吸收再创新方式下，员工对不同知识进行整合的能力关系企业内部知识扩散的程度和效率，会对组织内部知识共享过程产生至关重要的影响。这就要求企业在平时工作中要加强对员工知识整合能力的开发。可以采取让分享类似主题的员工结成常态运行的知识共享小组，让每个员工得到充分的锻炼机会，培养其整合组内其他人观点并形成统一思想的大局观，培养其系统思考方式，以此提升组内每个成员的知识整合能力。使员工个人的知识整合能力得到极大提高，同时对整个企业知识共享水平的有序提升产生积极的影响。

第六章

天津市中小制造企业高管人力资本定价

我们已经通过调研发现，企业高管综合能力对天津市中小制造企业转型升级影响很大，而要充分发挥企业高管综合能力就需要对其进行科学激励。对其科学激励的关键在于对企业高管人力资本价值进行科学定价，并使激励力度符合自身对企业的贡献，防止出现高管所得明显偏离自身人力资本价值的现象，这样就能在发挥企业高管积极性的同时对其进行必要约束，最终使高管对天津市中小制造企业转型升级的作用得以充分体现。

第一节　企业高管人力资本定价模型架构

一、人力资本的一般特征

（一）人力资本的价值特征

人力资本作为一种客观存在的价值系统，对其价值属性的分析是确认人力资本内涵的前提，而人力资本价值首先在于人力资本的内生价值。马克思劳动价值论指出，劳动力天然具有价值增值特性，劳动力通过劳动可以创造出大于自身的价值。人力资本价值自然根源在于劳动力，作为劳动力的人经过长期自然进化，在与外界环境的作用中逐渐适应自然和整个人类社会，形成了内生于人身之中的思想、品行、认识、观念、运用能力、创造能力，这就产生了人力资本的内生价值。同时，人力资本价值还包括人力资本的外生价值。它是指通过后天的教育、培训、保健、迁移等方面的投资而形成的体现于人身的技能、知识、健康的存量。作为一种自觉的价值生成，人力资本的外生价值需要依赖人力资本先天的内生价值才能生成，这是由于内生价值存在于人自身，而各种外生投资无论主体是谁，实际都是通过人才能最终作决定。

综上所述，人力资本价值是内生价值和外生价值的统一体，内生价值是外生价值生成的基础，并通过外生价值表现出来，外生价值是内生价值的表现，并通过内生价值发挥作用。需要指出的是，虽然人力资本是通过投资形成的，但此处对投资这个范畴不应作狭义的理解，不能把人力资本投资单纯理解为时间、金钱、精力方面的支出，因为由此将导致对人力资本价值做出片面性理解，把后天投资当成人力资本价值形成的全部动因，把人力资本价值单纯理解为其外生价值而忽视其内生价值。实际上，人力资本的内生价值是作为劳动力的人在长期演化过程中与外界环境相互作用形成的内在于人自身的特质，从这个意义上说，这种人在长期演化过程中与外界环境的相互作用也是一种对人力资本的投资，与人力资本外生价值的投资主体多元化不同，人力资本内生价值的投资主体是单一的，只能是作为人力资本载体的人自身。

（二）人力资本的资本特征

1. 人力资本和其他资本都需要通过投资才能形成。正如用于购置生产经营过程中所需物质资料、补偿生产经营过程中物质资料消耗的投资形成实物资本，用于取得对发明、著作、商标等的专有权的投资形成无形资产一样，用于生成和增加人的内生价值、外生价值的投资形成人力资本。

2. 人力资本和其他资本都可能带来未来收益。正如对其他资本的运用可能为特定组织或个人带来预期经济利益一样，对人力资本的运用也可能为特定组织或个人带来预期经济利益。

3. 对组织而言，人力资本和其他资本一样，都表现为组织依据原先已订立的合同或其他事项所取得的在当前对该项资本的利用权。这里包含两层意思：一是组织取得的人力资本和其他资本的利用权必须是依据过去所订立的合同或其他事项获得的。组织为了维持日常的正常运营，必须借助于一定程序取得人力资本和其他资本的利用权。与要取得实物资本的利用权就需要通过购买相应实物资源，要取得金融资本的利用权就需要进行期权、期货等金融交易类似，要取得人力资本的利用权也需要通过一定程序如公开招聘、竞争上岗等。这些程序进行的过程中必然涉及订立合同或其他保证组织取得该资本利用权的事项。换言之，如果订立合同或其他保证组织取得某项资本利用权的事项还未发生，则组织在核算时不能把该项资本计算在内。二是人力资本对组织而言只表现为组织在当前对人力资本的利用权。鉴于人力资本与作为人力资本载体的人自身不可分离，所以人力资本所有者只能是个人，组织通过一定程序取得的只是在当前利用劳动者个人所拥有的人力资本的权利，一旦劳动者个人离开该组织，组织即丧失继续利用该劳动者个人所拥有的人力资本的权利，故此组织并不能像对待某些实物资本那样能够永久保留利用该资本的权利。比较而言，其他资本虽然在当前能够为组织所利用这一点上与人力资本相同，但对其中某些资本如实物资本来说，组织已通过购买合同取得了其实物载体的所有权，故此组织能够永久保留利用该资本的权利。

（三）人力资本的人力特征

1. 人力资本必须依附于劳动者自身才能存在。具有劳动能力的人是人力资本的天然载体，思想、品行、认识、观念、技能、知识、健康等如果脱离了作为劳动者的人这一范畴而独立存在，就只能成为一个个没有任何实际意义的空洞词汇，只有把它们与作为劳动者的人联系起来，它们才能成为人力资本的内容，形成人力资本价值。

2. 人力资本所有权属于劳动者个人。人力资本的所有权与使用权具有可分离性，虽然人力资本的使用权可以进行转让，但人力资本的所有权却始终无法进行转让，它只能属于人力资本的天然载体劳动者自身所有，只有劳动者自身可以决定在何时以何种方式把其人力资本让渡给何种组织，并最终决定在组织中人力资本发挥作用的程度大小。

3. 人力资本具有明显的个体差异性。由于人力资本具有明显的人身依附性，而每个人所处的外界环境不同、所接受的教育、培训、保健、迁徙等投资也各不相同，这就导致了每个人人力资本价值的不同，表现在工作中就是每个人各自擅长不同的工作类型，即使他们所从事的工作相同，他们完成工作的能力也各不相同。相比较而言，实物资本、货币资本就不具有人力资本这样明显的个体差异性，相同规格和数量的生产资料、相同面额的资金对组织运营所起的作用并没有明显不同。

4. 人力资本具有可变性。人力资本的可变性是说人力资本价值处于不断的增减运动之中。教育、培训、保健投入的加大，知识经验的积累，对环境的适应性增强都能够促使人力资本增值，反之则可能造成人力资本贬值。而且，人在自身的人力资本价值变动中拥有主观能动性。人可以通过主动进行使人力资本价值增值的行为来提高自身的人力资本价值，可以通过避免使人力资本价值贬值的行为来防止自身的人力资本价值减少。相比较而言，其他资本在价值变动中则不具有主观能动性，不能主动控制价值变动的方向，而是依靠外部因素的作用实现价值变动。

结合以上对人力资本特征的系统评述，我们可以得出如下对人力资本的定义：人力资本本质上是一种由投资形成的为劳动者个人所特有的价值系统，对劳动者个人而言具体表现为思想、品行、认识、观念、运用能力、创造能力等内生价值与技能、知识、健康等外生价值的综合，对组织而言则具体表现为组织依据原先已订立的合同或其他事项所取得的在当前对劳动者个人所特有的人力资本的利用权，以期为组织带来预期经济利益，实现组织价值的增值。

上述对人力资本的定义涵盖了人力资本的价值特征、资本特征、人力特征。从中可以看出：人力资本对组织的价值体现在组织可以利用人力资本达成组织目标，而人力资本为劳动者个人所特有，其价值又由多种要素构成，所以对组织中的人力资本定价时，应从人力资本载体个体角度出发，系统分析其价值构成要素，形成科学的价值评估指标体系，在此基础上才能对组织中的人力资本进行科学定价；同时，由于人力资本价值既体现为由投资形成的可以用会计核算方法计量的以货币化形式表现的自身绝对价值，又体现为由特定劳动者个体所独有的、具有明显的个体差异性，从而能在不同劳动者个体间相互比较的相对价值，所以只有从绝对价值和相对价值两方面对组织中的人力资本进行定价才全面。

二、企业高管人力资本特征

企业高管人力资本属于一种特殊的人力资本形式。说其特殊，是因为这种人力资本除具有一般人力资本的特征外，还具有独有的特征，表现在：

（一）统领性

企业高管人力资本是企业人力资本的核心。企业高管人力资本的发挥程度直接关系企业的兴衰成败，其他资本只有在这种资本的统一指挥与协调下才能形成合力，成为企业前进的强大推动力。所以企业高管人力资本在企业内部发挥作用时具有统领性，这一特征是企业高管人力资本的基本特征。

（二）稀缺性

企业高管人力资本作为对企业发展具有统领作用的人力资本，对其所有者身心素质、知识技能的要求远高于企业中一般人力资本，因此这种人力资本形成需要进行大量且长期的投资，进而造成其所有者即企业高管在企业中的数量极其有限。相对于企业人力资本整体来说，企业高管人力资本在其质量上和其载体数量上都具有稀缺性。

（三）专用性

企业高管的知识、经验、技能等因素都是他们在长期管理实践中与其所在的行业特点相适应培养形成的，不能普遍用于各种企业的管理中。因此，企业高管人力资本具有专用性，即只能为某一类企业所利用。这一点与普通员工的人力资本不同，普通员工的劳动不需要很强的专业知识、经验、技能等的积累，其人力资本专用性不强，可以为不同类企业所利用。

（四）创新性

高管人力资本的运用能产生明显的开拓创新性。从企业的生产工艺创新，到企业生产的产品创新，再到企业产品的销售创新，以至于企业的组织创新，都需要企业高管运用其自身蕴含的人力资本进行创造性的指挥和组织才能实现。企业高管也正是通过创新使企业不断突破原有规则的束缚，实现企业持续发展的。

（五）难以观测性

企业中一般人力资本由于其价值形成过程较简单，其载体所从事的工作多为不太复杂的程序性工作，所以企业中一般人力资本的利用效果易于直接观测，如普通体力劳动的数量和质量就可以直接评估和控制。而企业高管人力资本由于其价值形成过程复杂，其载体所从事的工作多为需要高超的决策能力、判断能力、应变能力、创新能力的工作，故此很难直接观测企业高管人力资本的利用效果，为有效计量企业高管人力资本价值带来了难度。

综上所述，可以把企业高管人力资本界定为：企业高管人力资本是一种经由长期大量投资形成的、为某类企业高管所特有的思想、品行、认识、观念、运用能力、创造能力等内生价值与技能、知识、健康等外生价值的综合，这种人力资本的运用使企业能够综合调配其他资本进行开拓创新、形成核心竞争优势，因此成为企业人力资本的核心。

以上定义说明：企业高管人力资本作为企业人力资本的核心，其价值构成明显不同于一般人力资本，需要具备多种一般人力资本不具有的综合素质与技能，由此导致企业高管人力资本价值构成要素的复杂多样。在进行企业高管人力资本定价时，必须全面考虑企业高管人力资本价值构成要素，形成企业高管特有的人力资本定价评估指标体系，以便为下一步构建企业高管人力资本绝对定价模型和相对定价模型奠定坚实的基础。

三、企业高管人力资本定价工作思路

企业高管人力资本定价工作是通过构建企业高管人力资本绝对定价模型和相对定价模型两个模型完成的。企业高管人力资本对企业的价值体现在企业通过利用这种资本进行经营管理可以达成企业目标。这里产生了两个问题：一是企业如何取得这种资本的利用权；二是利用这种资本究竟能产生多大作用。对于第一个问题，显然企业必须支付一定费用或者说进行一定投资才能取得这种资本的利用权。这使企业高管人力资本价值表现为一种可以用货币化形式计量的价值。由于这种价值在某个时点体现为一个绝对化的货币值，所以可把它称为企业高管人力资本绝对价值。相应地，把计量这种价值的模型称为企业高管人力资本绝对定价模型。对于第二个问题，利用这种资本产生的作用取决于这种资本的价值构成要素综合水平高低。这使企业高管人力资本价值表现为一种可以用无量纲数值形式计量的价值。由于这种价值在某个时点体现为一个相对化可比较的数值，所以可把它称为企业高管人力资本相对价值。相应地，把计量这种价值的模型称为企业高管人力资本相对定价模型。这两种价值是企业高管人力资本价值在不同方面的表现，因此完整的企业高管人力资本定价工作应包括构建上述两个模型。

在具体用途上，企业高管人力资本绝对定价模型主要是进行企业会计核算，编制财务报表，为企业制定有关高管的财务政策提供依据。企业高管人力资本相对定价模型主要是为企业开展有关高管的人力资源管理工作提供依据。

第二节　企业高管人力资本绝对定价模型

一、企业高管人力资本绝对价值计量要素

企业高管人力资本作为人力资本的一种，对于企业的意义在于企业可以依据合同取得当前对企业高管所拥有的人力资本的利用权，以便利用这种资本获取预期经济利益。由此可见，在计量企业高管人力资本本身货币化的绝对价值时，我们并不是要反映企业高管从出生时开始全部人力资本投资形成的价值，而只是要反映企业在某一时点上为利用该高层管理人员的人力资本所进行的投资而形成的价值。为此，我们需要从会计角度对企业高管人力资本价值运动进行分析才能得到企业高管人力资本绝对价值计量要素。

（一）企业高管人力资本价值运动

1. 企业高管人力资本价值运动全过程。由于企业高管人力资本价值不能脱离具体企业而存在，因此企业高管人力资本价值运动只能从该人员与企业签订合同时开始，一直持续到该人员离开本企业为止。在企业高管与企业签订合同时，企业需要支付一定费用，这就形成了企业高管人力资本在企业的原始价值。在企业高管就职后，一方面，随着其工作中脑力和体力的耗费、原先具有的知识结构的老化，其人力资本价值会不断下降；另一方面，企业高管通过购买生活资料、接受必要培训、自修等方式，其人力资本价值会得以恢复和提高。同时，随着企业高管与企业签订的合同期限的不断临近，企业所能利用该人力资本的时间也不断缩短，相应地，其人力资本价值也不断下降。一旦合同履行完毕或企业高管跳槽提前解除合同，则企业对此人的人力资本不再享有利用权，此人的人力资本价值将降低为0。在合同履行期间，一般需要经过多个会计周期（通常以年为单位）。在每个会计周期末，企业高

管人力资本价值都是由期初价值经过上述人力资本价值的不断增减变化而演变为期末价值。

对于企业高管人力资本绝对价值计量来说，研究的关键在于分析每个会计周期的期初人力资本价值是如何确定的，每个会计周期中人力资本价值又会发生哪些变化，在此基础上就能确定每个会计周期末的人力资本价值。

2. 企业高管会计周期期初人力资本价值确定。企业高管与企业签订合同时所形成的原始人力资本价值大体上可由三部分组成。

第一部分：企业为使该人员同意在一定期间内为企业工作而先行支付的人力资本获取费用，包括支付给该人员的原用人单位的离职补偿费用、支付给猎头公司等人才中介机构的费用、支付给该人员的家庭搬迁安置费用等。这部分费用作为企业在合同期内获取该人员的人力资本利用权所付出的代价，将会随着时间推移逐渐消耗，当合同期满时，该费用摊销完毕，企业丧失继续利用该人员的人力资本的权利。当然，这部分费用可以为0，此时企业无需向该人员先行支付任何费用也可以获得在合同期内利用该人员的人力资本的权利。

第二部分：企业为使该人员熟悉新岗位工作而对其进行岗前培训的费用。这部分费用与第一部分费用类似，也会随着该人员合同期的履行在此期间内逐步摊销，到合同期满时摊销完毕。当然，这部分费用也可以为0，此时代表该人员对新单位的高层管理工作已无须适应就可直接上岗工作。

第三部分：企业在与企业高管签订合同时约定在合同期间内向其支付的年薪费用，这部分费用其实也是企业在合同期内为获取该人员的人力资本利用权所付出的代价，但在企业高管就职时点上，这部分费用无须立即支付，因此就形成了企业的负债。随着企业在合同期内分期向企业高管支付约定年薪，使该负债代表的人力资本价值逐渐降低，转化为企业利用该人员进行生产经营活动的成本，同时该企业的负债也逐渐减少，转化为企业必须支付的应付工资。

由于对企业高管人力资本绝对价值的计量从其就职时形成对企业的原始人力资本价值就已经开始，故此上述原始人力资本价值就成为企业高管在第一个会计周期期初的人力资本价值。

至于从第二个会计周期开始直到合同期满时的每个会计周期期初企业高管的人力资本价值，实际也就是上一个会计周期末该高层管理人员的人力资本价值，所以只要搞清每个会计周期中人力资本价值究竟如何变化，再依据企业高管在第一个会计周期期初的人力资本价值，就可以递推得到每个会计周期期初企业高管的人力资本价值，为构建企业高管人力资本绝对定价模型提供参考。

3. 企业高管会计周期中的人力资本价值变化。在企业各个会计周期内，企业高管人力资本价值将发生各种增减变化，而这些变化都将影响该人员会计周期末的人力资本价值。具体来看，这些变化包括如下方面：

（1）企业先行支付的人力资本获取费用在合同期内各个会计周期逐期摊销，转化为企业使用高层管理人员人力资本的真实费用，相应地，以企业先行支付的人力资本获取费用代表的各会计周期企业高管期初人力资本价值将随之下降。

（2）企业在高层管理人员任职期间对其进行在岗培训的费用，将会在其发生的会计周期内相应增加当期企业高管人力资本价值，同时在每个周期内发生的培训费用将在该高层管理人员剩余合同期间内逐步摊销，到合同期满时摊销完毕。与前相同，该部分费用也可为0。

（3）企业对高层管理人员进行岗前培训和在岗培训的费用，将在各个会计周期逐期摊销，转化为企业使用高层管理人员人力资本的真实费用，相应地，以这部分费用代表的各会计周期企业高管期初人力资本价值将随之下降。其中，岗前培训费用在合同期内各个会计周期逐期摊销，在岗培训费用在剩余合同期内各个会计周期逐期摊销。

（4）企业实际支付给高层管理人员的年薪转化为企业利用该人员进行生产经营活动的成本，同时，该人员各会计周期期初的人力资本价值将下降。需要指出，企业实际支付给高层管理人员的年薪往往高于或低于约定年薪，如果高于约定年薪，代表由于该人员在企业中实际能力增长、个人素质提高、工作业绩超出预期等原因，使该人员对企业的人力资本价值增长，因此企业需要支付更多的费用才能利用该高层管理人员的人力资本，如果低于约定年薪，代表由于该人员知识老化、工作业绩无法达到预期等原因，使该人员对企业的人力资本价值降低，因此企业只需支付较少的费用就能利用该高层管理人员的人力资本。另外，此处所指的年薪包括支付给高层管理人员的各种薪酬，如基本工资、津贴、奖金、股票期权等，是把它们统一折合成货币收入的总和。

（5）企业高管在会计周期内由于知识更新、经验增长、能力提高、业绩出色等原因，会使企业利用该高层管理人员的人力资本进行生产运营能够带来更多利润，因此将导致该人员的人力资本价值增加。反之，企业高管在会计周期内由于知识老化、经验不足、能力不够、业绩不佳等原因，会使企业利用该高层管理人员的人力资本进行生产运营能够带来的利润减少，因此将导致该人员的人力资本价值降低。

由此可见，企业高管人力资本价值受多种因素影响不断发生变化。我们可以通过对影响其价值的货币性因素的进一步分析，找出计量这种价值的货币要素，为构建企业高管人力资本绝对定价模型奠定基础。

（二）企业高管人力资本绝对价值计量要素分析

结合前述内容，我们可以发现以下货币性因素都影响企业高管人力资本价值：

1. 企业为与企业高管签订工作合同先行支付的人力资本获取费用。这笔费用只发生在企业高管最初的原始人力资本价值形成时，实际上可看成企业依据对该人员在进入企业前的综合考察结果所得到的对利用该人员的人力资本在将来的合同期内所能为企业带来的利润的最低预期，它将在合同期内以各会计周期逐期摊销的方式从利用该高层管理人员的人力资本所带来的利润中收回。这笔费用实际表示了企业高管人力资本的取得成本，即引进企业高管需要花费的开支。

2. 企业在高层管理人员任职期间对其进行岗前培训和在岗培训的费用。岗前培训费用发生在企业高管最初的原始人力资本价值形成时，在岗培训费用发生在合同期内。虽然这些费用发生的时间不同，但企业支付这些费用的目的都是为了使高层管理人员更适应目前的工作，从而使其为企业带来更多的利润。无论哪种培训费用，都将在发生时剩余的合同期内以各会计周期逐期摊销的方式从利用该高层管理人员的人力资本所带来的利润中收回。这笔费用实际表示了企业高管人力资本的开发成本，即提升企业高管人力资本利用效果所需要花费的开支。

3. 企业在高层管理人员任职期间支付的实际年薪。实际年薪是由两部分组成：一部分是企业在与高层管理人员签订工作合同时的约定年薪，代表了企业利用高层管理人员原有人力资本所需要支付的费用；另一部分是实际年薪高于或低于约定年薪的差额部分，分别表示企业要利用高层管理人员在原有人力资本基础上的知识、能力、经验等的增加部分所需要多支付的费用或企业无法利用高层管理人员在原有人力资本基础上的知识、能力、经验等的欠缺部分而少支付的费用。这笔费用实际表示了企业高管人力资本的使用成本，即利用企业高管的人力资本所需花费的开支。

4. 企业高管任职期间由于知识、能力、经验等的增加或欠缺导致的企业利用该人员的人力资本进行生产运营所能带来的利润比预期利润的增加值或降低值，这一因素不能够进行直接计量。考虑到企业为与企业高管签订工作合同先行支付的人力资本获取费用实际代表了企业利用该人员的人力资本在将来的合同期内能为企业带来的最低预期利润，所以我们可假设企业在该人员任职期间的每一个会计周期末需要再一次引进该人员，并计算出这种情况下企业需要支付多少人力资本获取费用，用会计周期末的人力资本获取费用减去会计周期初（也就是上一个会计周期末）的人力资本获取费用，就可以得到当期实际利润比当期预期利润的增加值。这笔费用实际表示了企业高管人力资本的机会成本，即企业高管若离开企业而由别人接手其工作可能会导致的企业利润损失。

可以看出，上述货币性因素从取得成本、开发成本、使用成本、机会成本 4 方面影响了企业高管人力资本价值，但在实际计量时，上述的第 4 种因素并不能直接进行计量，而要通过其他因素计算间接得到。因此归结起来，人力资本获取费用、人力资本培训费用、人力资本年薪费用应该作为计量企业高管人力资本价值的货币要素，直接参与构建企业高管人力资本绝对定价模型工作。

二、企业高管人力资本绝对定价模型构建

(一) 模型构建过程

1. 总体模型生成。从前文的分析中可以看出，用各会计周期逐期递推的方法可以得到各会计周期末企业高管的人力资本价值。

设企业高管刚进入企业时的原始人力资本价值为 V_0，则 V_0 可由下式计算：

$$V_0 = OE_0 + PTE_0 + TDS_0 \tag{6-1}$$

其中，OE_0 为人力资本获取费用，PTE_0 为人力资本岗前培训费用，TDS_0 为各年约定年薪折现到第一个会计周期期初总额。

设企业高管第一个会计周期人力资本增加值为 AV_1，则 AV_1 可由下式计算：

$$AV_1 = OTE_1 + \Delta P_1 \tag{6-2}$$

其中，OTE_1 为第一个会计周期人力资本在岗培训费用，ΔP_1 为第一个会计周期内由于该高层管理人员的知识、能力、经验等的增加导致的企业利用该人员的人力资本进行生产运营所能带来的利润比预期利润的增加值（ΔP_1 也可能为负，此时代表由于该高层管理人员的知识、能力、经验等的欠缺导致的企业利用该人员的人力资本进行生产运营所能带来的利润比预期利润的降低值，以后各期 ΔP 含义相同)，我们将其简称为第一个会计周期人力资本创利增值（以后各期 ΔP 也采用此简称)。

设企业高管第一个会计周期人力资本减少值为 RV_1，则 RV_1 可由下式计算：

$$RV_1 = AOE_1 + ATE_1 + RS_1 \tag{6-3}$$

其中，AOE_1 是人力资本获取费用在第一个会计周期的摊销值，ATE_1 是人力资本培训费用（包括岗前培训费用和在岗培训费用）在第一个会计周期的摊销值，RS_1 是第一个会计周期由年薪支付引起的人力资本减少值（转化为企业利用该高层管理人员进行生产经营活动的成本)。

RS_1 又可由下式计算：

$$RS_1 = DS_1 + \Delta S_1 \tag{6-4}$$

其中，DS_1 是本期约定年薪折现到第一个会计周期期初额，ΔS_1 是第一个会计周期实际年薪与约定年薪差值。

由此得出，企业高管第一个会计周期末的人力资本价值 V_1 为：

$$\begin{aligned} V_1 &= V_0 + AV_1 - RV_1 \\ &= (OE_0 - AOE_1) + (PTE_0 + OTE_1 - ATE_1) + (TDS_0 - DS_1) - \Delta S_1 + \Delta P_1 \end{aligned} \quad (6-5)$$

其中，第一个括号内的部分为第一个会计周期末人力资本获取费用摊销后余额，我们将其记为 OE_1；第二个括号内的部分为第一个会计周期末人力资本培训费用摊销后余额，我们将其记为 TE_1；第三个括号内的部分为第一个会计周期末未支付的各年约定年薪折现到第一个会计周期期初总额，我们将其记为 TDS_1。

因此，企业高管第一个会计周期末的人力资本价值 V_1 最后可用下式表示：

$$V_1 = OE_1 + TE_1 + TDS_1 - \Delta S_1 + \Delta P_1 \quad (6-6)$$

企业高管第一个会计周期末的人力资本价值 V_1 就是第二个会计周期初的人力资本价值。

设企业高管第二个会计周期人力资本增加值为 AV_2，则 AV_2 可由下式计算：

$$AV_2 = OTE_2 + \Delta P_2 \quad (6-7)$$

其中，OTE_2 为第二个会计周期人力资本在岗培训费用，ΔP_2 为第二个会计周期人力资本创利增值。

设企业高管第二个会计周期人力资本减少值为 RV_2，则 RV_2 可由下式计算：

$$RV_2 = AOE_2 + ATE_2 + RS_2 \quad (6-8)$$

其中，AOE_2 是人力资本获取费用在第二个会计周期的摊销值，ATE_2 是人力资本培训费用在第二个会计周期的摊销值，RS_2 是第二个会计周期由年薪支付引起的人力资本减少值。

RS_2 又可由下式计算：

$$RS_2 = DS_2 + \Delta S_2 \quad (6-9)$$

其中，DS_2 是本期约定年薪折现到第一个会计周期期初额，ΔS_2 是第二个会计周期实际年薪与约定年薪差值。

由此得出，企业高管第二个会计周期末的人力资本价值 V_2 为：

$$
\begin{aligned}
V_2 &= V_1 + AV_2 - RV_2 \\
&= (OE_1 - AOE_2) + (TE_1 + OTE_2 - ATE_2) + (TDS_1 - DS_2) - (\Delta S_1 + \Delta S_2) + (P_1 + \Delta P_2) \\
&= (OE_0 - \sum_{i=1}^{2} AOE_i) + (PTE_0 + \sum_{i=1}^{2} OTE_i - \sum_{i=1}^{2} ATE_i) + (TDS_0 - \sum_{i=1}^{2} DS_i) - \sum_{i=1}^{2} \Delta S_i + \sum_{i=1}^{2} \Delta P_i
\end{aligned}
\tag{6-10}
$$

其中，第一个括号内的部分为第二个会计周期末人力资本获取费用摊销后余额，我们将其记为 OE_2；第二个括号内的部分为第二个会计周期末人力资本培训费用摊销后余额，我们将其记为 TE_2；第三个括号内的部分为第二个会计周期末未支付的各年约定年薪折现到第一个会计周期期初总额，我们将其记为 TDS_2。

因此，企业高管第二个会计周期末的人力资本价值 V_2 最后可用下式表示：

$$
V_2 = OE_2 + TE_2 + TDS_2 - \sum_{i=1}^{2} \Delta S_i + \sum_{i=1}^{2} \Delta P_i \tag{6-11}
$$

按照各个会计周期依次递推下去，可得企业高管第 k 个会计周期末的人力资本价值 V_k 为：

$$
\begin{aligned}
V_k &= (OE_0 - \sum_{i=1}^{k} AOE_i) + (PTE_0 + \sum_{i=1}^{k} OTE_i - \sum_{i=1}^{k} ATE_i) + (TDS_0 - \sum_{i=1}^{k} DS_i) - \sum_{i=1}^{k} \Delta S_i + \sum_{i=1}^{k} \Delta P_i \\
&= OE_k + TE_k + TDS_k - \sum_{i=1}^{k} \Delta S_i + \sum_{i=1}^{k} \Delta P_i
\end{aligned}
\tag{6-12}
$$

其中，OE_k 为第 k 个会计周期末人力资本获取费用摊销后余额，TE_k 为第 k 个会计周期末人力资本培训费用摊销后余额，TDS_k 为第 k 个会计周期末未支付的各年约定年薪折现到第一个会计周期期初总额，$\sum_{i=1}^{k} \Delta S_i$ 为所有 k 个会计周期实际年薪与约定年薪累计差值，$\sum_{i=1}^{k} \Delta P_i$ 为所有 k 个会计周期人力资本累计创利增值。

上式就是企业高管人力资本绝对定价的总体模型。从模型中可以看出，模型中的前 4 项内容可以依据人力资本获取费用、人力资本培训费用、人力资本年薪费用的具体数值直接计算得到，其中人力资本获取费用、人力资本培训费用的摊销可采用直线法。而模型最后1项内容无法直接计算，需要构建相应模型进行估算。

2. 各会计周期人力资本创利增值预测模型。从前文分析中可以看出，每个会计周期的企业高管人力资本创利增值可以在假设该周期末企业需再一次引进此人员的情况下，估算企业需支付的人力资本获取费用，并求其与会计周期初（也就是上一个会计周期末）的人力资本获取费用之差得到。由于企业高管人力资本获取费用与人力资本年薪费用之间存在较强的相关关系，如果我们建立恰当的预测模型，就可以通过该会计周期末此高层管理人员人力资本年薪费用估算该会计周期末其人力资本获取费用，进而求出该会计周期此高层管理人员人力资本创利增值。

应该看到，企业高管人力资本创利增值系统本身是一个灰色系统，我们只知道企业高管人力资本创利增值与其年薪费用之间存在关联，但无法确定其年薪费用究竟怎样影响创利增值，也无法确定创利增值还受哪些因素影响。对于这种具有运行机制灰性、结构灰性的系统，要对其值进行估计，在进行研究时只能通过建立灰色预测模型加以解决。

灰色预测是从系统变化的灰因出发，在数据有限的条件下模仿微分方程建立具有部分微分方程性质的模型对灰色系统进行预测的。由于企业高管人力资本创利增值的灰因即企业高管人力资本年薪费用的增加是非等间隔的，故本研究选用非等间隔 *GM*（1，1）模型对企业高管人力资本创利增值进行估算。模型具体构建过程如下：

（1）非等间隔 *GM*（1，1）模型生成。将企业引进各个高层管理人员时的约定年薪记为序列 $t=(t_1,\ t_2,\ \cdots,\ t_k,\ \cdots,\ t_n)$，其中 $k=1,\ 2,\ \cdots,\ n$。将企业引进各个高层管理人员时的人力资本获取费用记为序列 $x^{(0)}(t)=[x^{(0)}(t_1),\ x^{(0)}(t_2),\ \cdots,\ x^{(0)}(t_k),\ \cdots,\ x^{(0)}(t_n)]$，其中 $k=1,\ 2,\ \cdots,\ n$。

定义序列 $\Delta t=(\Delta t_2,\ \Delta t_3,\ \cdots,\ \Delta t_k,\ \cdots,\ \Delta t_n)$ 为约定年薪间隔序列，其中 $\Delta t_k=t_k-t_{k-1}\neq const$，$k=2,\ 3,\ \cdots,\ n$。

定义序列 $\Delta\tau=(\Delta\tau_2,\ \Delta\tau_3,\ \cdots,\ \Delta\tau_k,\ \cdots,\ \Delta\tau_n)$ 为约定年薪间隔变换序列，其中 $\Delta\tau_k=\Delta t_k/\Delta t_2$，$k=2,\ 3,\ \cdots,\ n$。

定义序列 $x^{(1)}(t)=[x^{(1)}(t_1),x^{(1)}(t_2),\cdots,x^{(1)}(t_k),\cdots,x^{(1)}(t_n)]$ 为人力资本获取费用的累加生成序列，其中，$x^{(1)}(t_k)=\sum_{i=1}^{k}x^{(0)}(t_i)$ $k=1$，2，…，n。

定义序列 $z^{(1)}(t)=[z^{(1)}(t_2),z^{(1)}(t_3),\cdots,z^{(1)}(t_k),\cdots,z^{(1)}(t_n)]$ 为人力资本获取费用的白化背景值序列，其中 $z^{(1)}(t_k)=0.5x^{(1)}(t_k)+0.5x^{(1)}(t_{k-1})$，$k=2$，3，…，$n$。

非等间隔 GM（1，1）模型的微分定义式为：

$$\frac{\Delta x^{(1)}(t_k)}{\Delta\tau_k}+az^{(1)}(t_k)=b \tag{6-13}$$

将 $\Delta x^{(1)}(t_k)=x^{(1)}(t_k)-x^{(1)}(t_{k-1})=x^{(0)}(t_k)$，$z^{(1)}(t_k)=0.5x^{(1)}(t_k)+0.5x^{(1)}(t_{k-1})$ 代入上式，则可得下式：

$$x^{(0)}(t_k)=\frac{b\Delta\tau_k-a\Delta\tau_k x^{(1)}(t_{k-1})}{1+0.5a\Delta\tau_k}\quad(k=2,3,\cdots,n) \tag{6-14}$$

上式中，a、b 是非等间隔 GM（1，1）模型的一级参数包，a 为发展系数，反映了企业高管人力资本获取费用序列的发展态势；b 为灰色作用量，是从企业高管人力资本创利增值系统的背景值挖掘出来的数据，是具有灰信息覆盖的作用量。

（2）确定 a 与 b 的值。非等间隔 GM（1，1）模型的一级参数包 a、b 可通过非等间隔 GM（1，1）模型的二级参数包 C、D、E、F 求得。它们的计算公式为：

$$C=\sum_{k=2}^{n}z^{(1)}(t_k) \tag{6-15}$$

$$D=\sum_{k=2}^{n}\frac{x^{(0)}(t_k)}{\Delta\tau_k} \tag{6-16}$$

$$E=\sum_{k=2}^{n}z^{(1)}(t_k)\cdot\frac{x^{(0)}(t_k)}{\Delta\tau_k} \tag{6-17}$$

$$F=\sum_{k=2}^{n}z^{(1)}(t_k)^2 \tag{6-18}$$

$$a=\frac{CD-(n-1)E}{(n-1)F-C^2} \tag{6-19}$$

$$b=\frac{DF-CE}{(n-1)F-C^2} \tag{6-20}$$

（3）模型精度检验。a 与 b 的值确定以后，我们就可以利用公式（6－14）确定任意 t_k 对应的 $x^{(0)}(t_k)$ 的值了。

若用该公式估算实际已发生的人力资本获取费用，设实际值为 $x^{(0)}(t_k)$，模型值为 $\hat{x}^{(0)}(t_k)$，则相对残差 $e^{(0)}(t_k)$ 可用下式计算：

$$e^{(0)}(t_k)=\frac{x^{(0)}(t_k)-\hat{x}^{(0)}(t_k)}{x^{(0)}(t_k)}\times 100\% \quad (k=2,3,\cdots,n) \tag{6-21}$$

平均残差 $e^{(0)}$ 可用下式计算：

$$e^{(0)}=\frac{\sum_{k=2}^{n}\left|e^{(0)}(t_k)\right|}{n-1} \tag{6-22}$$

模型精度 p^0 可用下式计算：

$$p^0=100\%-e^{(0)} \tag{6-23}$$

模型进行精度检验后，我们就可以运用该模型根据会计周期末企业高管人力资本实际年薪费用估算出其人力资本获取费用，并用会计周期末人力资本获取费用减去会计周期初（也就是上一个会计周期末）人力资本获取费用，就得到当期企业高管人力资本创利增值。估算出所有 k 个会计周期人力资本累计创利增值，并将其代入公式（6－12），就得出企业高管第 k 个会计周期末的人力资本价值 V_k。

（二）模型评价

1. 该模型的构建是综合运用会计分析和灰色分析的结果。在构建企业高管人力资本绝对定价总体模型时，我们从企业高管人力资本绝对价值计量的货币要素出发，运用会计分析的方法详细分析了各个货币要素在各个会计周期的运动变化过程，然后采取逐期递推的方法得到了企业高管人力资本绝对定价总体模型。而对于总体模型中无法直接计量的企业高管人力资本创利增值部分，我们又针对其灰色背景构建了相应的非等间隔 *GM*（1，1）模型对其进行估算。因此，该模型是基于灰色背景的会计计量模型，比传统意义上单纯运用会计学方法却忽视人力资本价值灰性而建立的人力资本价值计量模型更为科学。

2. 该模型是在对企业高管人力资本价值构成要素进行科学分析的基础上

形成的。传统人力资本价值计量模型多是从收益分配角度构造的模型，没有对人力资本价值构成要素进行科学分析，更谈不上对特定的企业高管人力资本价值构成要素进行科学分析，因此建立的价值计量模型往往无法反映人力资本真实价值，阻碍了企业人力资源管理实务中人力资本定价模型的应用，对企业高管人力资本价值的科学计量也就出现了困难。本章中构建的模型有助于提高企业高管人力资本定价模型的科学性和实用性，有助于促进科学人力资本定价方法在企业的应用。

3. 该模型是从企业角度计量企业高管自身人力资本绝对价值的。由于人力资本会计计量主体是企业，所以该模型反映的是对企业而言的高层管理人员自身人力资本绝对价值。也就是说，一旦合同期满高层管理人员离开企业，则该模型显示企业高管自身人力资本绝对价值变为0，因为此时企业对该人员的人力资本已不再享有利用权。而当此人离开企业时，如果从个人角度来看，由于其人力资本价值体现为从小到大所有投资形成的思想、品行、认识、观念、运用能力、创造能力等内生价值与技能、知识、健康等外生价值的综合，所以其自身人力资本绝对价值并不为0。

4. 该模型与企业高管人力资本相对定价模型互为补充。从本质上来说，企业高管人力资本绝对定价模型计量的是企业为获得高层管理人员所拥有的人力资本的利用权所进行的投资。由于这种投资只针对人力资本所有者个人，并且在某一具体时点体现为一个具体的货币化数值，所以我们认为该模型计量的人力资本价值带有绝对性，在每个具体计量时点上的计量结果都是一个绝对化的货币数值。而企业高管人力资本相对定价模型计量的是企业中的高层管理人员人力资本所处的相对水平，在某一具体时点体现为处于各个水平的可能性大小，而且还可以在不同人力资本所有者之间进行比较，所以我们认为该模型计量的人力资本价值带有相对性，在每个具体计量时点上的计量结果都是一个相对化的数值。这两个模型分别从企业为获得高层管理人员人力资本利用权所付出的代价和高层管理人员人力资本在实际利用中的贡献两个互为因果的方面计量了企业高管人力资本价值，体现了二者的互补性。同时，两者在作用上也相互补充，分别用于企业高管财务核算和有关高层管理人员的各项人力资源管理工作开展。

第三节 企业高管人力资本相对定价模型

一、企业高管人力资本相对价值评估指标体系

为进行企业高管人力资本相对定价工作，必须首先构建企业高管人力资本相对价值评估指标体系。为此，可以通过如下步骤完成。

（一）初步构建企业高管人力资本相对价值评估指标体系

我们首先初步概括总结一些指标构建企业高管人力资本相对价值评估指标体系。在此过程中，把握以下要点：一是注意尽量概括全面，以全面反映企业高管人力资本价值评估主要构成要素；二是注意选择主要构成要素进行高度概括，以反映企业高管人力资本价值不同于其他人力资本价值的特色；三是形成的指标不宜过多，不然容易造成指标体系过于庞大，不仅不能突出反映企业高管人力资本价值的最本质特征，而且使企业实际数据处理工作过于烦琐，不利于在企业中推广高层管理人员定价模型。同时，企业高管人力资本定价系统本身就带有灰色系统特征，我们不可能面面俱到地发现其价值的所有构成要素，因此企图毫无遗漏地把所有构成要素都归入指标体系中是不现实的，只能选择主要构成要素归入指标体系中。

经过归纳，初步总结出下面23个企业高管人力资本相对价值评估指标。

（1）责任感（X_1）——企业高管能够以爱岗敬业的精神认真负责地完成自己的本职工作的程度。

（2）进取精神（X_2）——企业高管具有不满足于企业现状、带领企业开拓创新、以积极主动的态度追求行业领先的精神的程度。

（3）毅力（X_3）——企业高管能够以坚韧不拔的精神带领企业克服经营中遇到的困难，坚持完成预先制定的目标的程度。

（4）个人工作成果（X_4）——企业高管完成各项具体工作任务，实现企业预期经济目标、社会目标的情况。

（5）诚信精神（X_5）——企业高管在工作中实事求是、严于律己、讲求信誉的程度。

（6）个人声誉（X_6）——企业高管从业以来获得的他人对自己各方面的综合评价。

（7）团队建设效果（X_7）——企业高管为下属员工提供继续深造的机会和充分施展才华的舞台，培养他们的团队意识和合作精神，从而提高下属员工整体的工作绩效。

（8）协调能力（X_8）——企业高管能够合理调整组织内各种人与人、人与物之间的关系，使组织处于高效运转状态的能力。

（9）沟通能力（X_9）——企业高管能够清楚表达自己所要传达的意图并能顺利理解其他人所要传达的意图的能力。

（10）激励能力（X_{10}）——企业高管能够运用各种手段激发下属员工工作积极性的能力。

（11）知识储备（X_{11}）——企业高管为进行有效管理所需要掌握的基础知识和专业知识的情况。

（12）人际交往（X_{12}）——企业高管能够灵活处理与企业内外部各种人员的关系，为企业创造更大发展空间的程度。

（13）个人健康（X_{13}）——企业高管具备良好的健康状况、出色的身体素质、充沛的精力以完成本岗位工作的程度。

（14）洞察力（X_{14}）——企业高管善于敏锐地发现企业内外部潜在的各种机会与风险的能力。

（15）学习能力（X_{15}）——企业高管在一定时间内理解和掌握企业生产经营所需的新信息，建立自身信息优势的能力。

（16）应变能力（X_{16}）——企业高管能够根据企业经营环境的变化灵活调整企业的经营策略，帮助企业建立竞争优势和化解企业危机的能力。

（17）风险承受能力（X_{17}）——企业高管能够在企业遇到经营风险时保持冷静，沉着面对企业经营风险的能力。

（18）创新能力（X_{18}）——企业高管能够领导企业在生产、销售、管理等各项工作中进行大胆开拓创新的能力。

（19）指挥能力（X_{19}）——企业高管能够指导企业内各部门各司其职、共同运作，从而保持企业正常运转的能力。

（20）规划能力（X_{20}）——企业高管能够对企业内外各种重大事项进行战略性部署，制订企业未来发展蓝图的能力。

（21）决策能力（X_{21}）——企业高管能够对企业生产经营过程中遇到的各种情况提出最终处理意见的能力。

（22）判断能力（X_{22}）——企业高管对需要处理的各种问题能够进行全面透彻的分析，并做出合乎逻辑的选择的能力。

（23）从业经验（X_{23}）——企业高管在多年从事管理的过程中积累的进行管理的经验、阅历。

我们按照这些指标的性质，把指标归为三类：反映企业高管在从事管理工作时对企业做出的主要贡献的指标，我们把这类指标称为工作业绩；反映企业高管从事管理工作所必须具备的能力的指标，我们把这类指标称为工作能力；反映企业高管从事管理工作所应具有的基本条件和特质的指标，我们把这类指标称为个人素质，如表 6－1 所示。

表 6－1　企业高管人力资本相对价值评估指标初步分类结果

一级指标	二级指标
工作业绩	个人工作成果（X_4）
	团队建设效果（X_7）
工作能力	协调能力（X_8）
	沟通能力（X_9）
	激励能力（X_{10}）
	人际交往（X_{12}）
	洞察力（X_{14}）
	学习能力（X_{15}）
	应变能力（X_{16}）
	风险承受能力（X_{17}）
	创新能力（X_{18}）
	指挥能力（X_{19}）
	规划能力（X_{20}）
	决策能力（X_{21}）
	判断能力（X_{22}）

续表

一级指标	二级指标
个人素质	责任感（X_1）
	进取精神（X_2）
	毅力（X_3）
	诚信精神（X_5）
	个人声誉（X_6）
	知识储备（X_{11}）
	个人健康（X_{13}）
	从业经验（X_{23}）

（二）正式构建企业高管人力资本相对价值评估指标体系

在初步构建的企业高管人力资本相对价值评估指标体系中，工作能力一级指标下包含13个二级指标，个人素质一级指标下包含8个二级指标。对实际构建企业高管人力资本相对定价模型来说，如果把所有指标都纳入企业高管人力资本相对价值评估指标体系，无疑会使实际建模中的运算量大大增加，给企业实际应用该模型带来极大不便。因此，我们发放企业高管人力资本价值评估问卷，让被调查者根据各项指标对构成企业高管人力资本价值的重要程度进行评分，回收有效问卷116份，并用调查得到的数据对工作能力和个人素质一级指标下的二级指标进行因子分析，以达到简化指标的目的。

1. 工作能力指标下二级指标因子分析结果。在提取三个共同因子的条件下，经过正交旋转，工作能力一级指标下的二级指标因子载荷矩阵，如表6－2所示。

表6－2 工作能力一级指标下二级指标因子载荷矩阵

分类	成分		
	1	2	3
X_{21}	0.782	0.442	0.085
X_{19}	0.780	0.160	0.342
X_{18}	0.763	0.201	0.174
X_{20}	0.721	0.353	0.355

续表

分类	成分		
	1	2	3
X_{22}	0.579	0.034	0.415
X_8	-0.001	0.849	0.157
X_{10}	0.267	0.784	0.239
X_9	0.384	0.721	0.167
X_{12}	0.243	0.678	0.141
X_{16}	0.161	0.155	0.863
X_{15}	0.180	0.344	0.753
X_{17}	0.443	0.064	0.732
X_{14}	0.362	0.378	0.624

由表6-2可知，X_{21}、X_{19}、X_{18}、X_{20}、X_{22}在第1个因子上有较高载荷，第1个因子主要解释了这5个变量；X_8、X_{10}、X_9、X_{12}在第2个因子上有较高载荷，第2个因子主要解释了这4个变量；X_{16}、X_{15}、X_{17}、X_{14}在第3个因子上有较高载荷，第3个因子主要解释了这4个变量。

根据指标定义，X_{21}、X_{19}、X_{18}、X_{20}、X_{22}分别为决策能力、指挥能力、创新能力、规划能力、判断能力，这5个指标主要是反映企业高管对企业生产经营全局的把握和控制能力，即在冷静判断的基础上对企业生产经营过程中的各种情况做出正确决策，指挥企业各部门进行正常生产运作，领导企业进行各项开拓创新活动，并对事关企业兴衰成败的重大事项进行战略性部署，指导企业未来发展。因此，可以把第1个因子命名为全局控制能力。

根据指标定义，X_8、X_{10}、X_9、X_{12}分别为协调能力、激励能力、沟通能力、人际交往，这4个指标主要是反映企业高管领导员工的能力，即通过与各种人打交道，及时与员工沟通思想，协调企业内部各种关系，并采用合适的手段激发员工工作积极性，从而使企业能够高效运转。因此，可以把第2个因子称为员工领导能力。

根据指标定义，X_{16}、X_{15}、X_{17}、X_{14}分别为应变能力、学习能力、风险承受能力，洞察力，这4个指标主要是反映企业高管应对环境的能力，即不断学习企业生产经营所需的新知识，善于发现企业生产经营中的潜在机会和风险，并根据实际环境的变化及时调整企业经营策略，沉着冷静地应对企业经营中发生的风险。因此，可以把第 3 个因子称为环境应对能力。

综上所述，经过因子分析，工作能力一级指标下的 13 个二级指标被综合为 3 个综合指标，即全局控制能力、员工领导能力、环境应对能力。

2. 个人素质指标下二级指标因子分析结果。在提取三个共同因子的条件下，经过正交旋转，个人素质一级指标下的二级指标因子载荷矩阵，如表 6－3 所示。

表 6－3　个人素质一级指标下二级指标因子载荷矩阵

分类	成分		
	1	2	3
X_2	0.865	0.298	－0.071
X_3	0.842	0.012	0.301
X_1	0.819	0.363	0.084
X_5	0.743	0.191	0.343
X_6	0.730	0.182	0.485
X_{23}	0.114	0.868	0.185
X_{11}	0.323	0.700	0.234
X_{13}	0.195	0.358	0.848

由表 6－3 可知，X_2、X_3、X_1、X_5、X_6 在第 1 个因子上有较高载荷，第 1 个因子主要解释了这 5 个变量；X_{23}、X_{11} 在第 2 个因子上有较高载荷，第 2 个因子主要解释了这 2 个变量；X_{13} 在第 3 个因子上有较高载荷，第 3 个因子主要解释了这个变量。

根据指标定义，X_2、X_3、X_1、X_5、X_6 分别为进取精神、毅力、责任感、诚信精神、个人声誉，这 5 个指标主要是反映企业高管性格品质特征，即企业高管拥有的爱岗敬业、开拓进取、坚韧不拔、实事求是、严于律己、讲求信誉等精神以及由此获得的声望。因此，可以把第 1 个因子称为品行素质。

根据指标定义，X_{23}、X_{11} 分别为从业经验、知识储备，这 2 个指标主要是反映企业高管学识特征，即企业高管拥有的与从业有关的经验、阅历、知识。

因此，可以把第 2 个因子称为学识素质。

根据指标定义，X_{13}为个人健康，这个指标反映企业高管体质特征，即企业高管为完成本职工作所需的身体健康、精力充沛程度。因此，可以把第 3 个因子称为身体素质。

综上所述，经过因子分析，个人素质一级指标下的 8 个二级指标也被综合为三个综合指标，即品行素质、学识素质、身体素质。

3. 企业高管人力资本相对价值评估指标体系。经过因子分析，最终我们得到简化后的可以用于下面建模过程的企业高管人力资本相对价值评估指标体系，如表 6－4 所示。

表 6－4　企业高管人力资本相对价值评估指标体系

一级指标	二级指标
工作业绩	个人工作成果
	团队建设效果
工作能力	全局控制能力
	员工领导能力
	环境应对能力
个人素质	品行素质
	学识素质
	身体素质

二、企业高管人力资本相对定价模型构建

（一）模型构建过程

此处建立的企业高管人力资本相对定价模型，是以对企业高管人力资本相对价值评估指标体系中各个指标的专家评价为基础，采用多层灰色综合评价的方法建立的，目的是确定企业高管人力资本的相对价值高低，以便在不同企业高管中进行比较。具体看来，模型构建过程分为以下步骤。

1. 确定所有二级指标对企业高管人力资本相对价值评估的权重。首先我们通过专家评估并综合的方法确定所有一级指标对企业高管人力资本相对价

值评估的权重。

当有 l 名专家参与评估时，设各个专家评估得到的各个一级指标的权重为 W_{ki}（$k=1, 2, \cdots, l$；$i=1, 2, 3$），则最后得到的各个一级指标的综合权重为：

$$W_i=\frac{\sum_{k=1}^{l}W_{ki}}{l}\quad(i=1,2,3)\tag{6-24}$$

其中，第 k 个专家所评权重与综合权重的欧几里得距离为：

$$dr=\sqrt{\sum_{i=1}^{3}(W_{ki}-W_i)^2}\tag{6-25}$$

l 名专家所评权重与综合权重的标准差为：

$$\sigma=\sqrt{\frac{\sum_{k=1}^{l}\sum_{i=1}^{3}(W_{ki}-W_i)^2}{l}}\tag{6-26}$$

如果出现某个专家所评权重的 $dr3\sigma$ 的极端情况，我们要求其说明原因并征求其他专家的意见，若能说服大多数人，则重新评判，否则剔除该意见并利用公式（6-24）求出综合权重，也就是最后确定的所有一级指标对企业高管人力资本相对价值评估的权重。

接下来我们确定所有二级指标对其所属一级指标的权重，具体确定方法同上所述。

最后我们计算所有二级指标对企业高管人力资本相对价值评估的权重。

设第 i 项一级指标下所属第 h 项二级指标对此项一级指标的权重为 W'_{ih}，又根据前面确定的第 i 项一级指标对企业高管人力资本相对价值评估的权重 W_i，得到此二级指标对企业高管人力资本相对价值评估的权重 W_{ih} 为：

$$W_{ih}=W_i\cdot W'_{ih}\tag{6-27}$$

设某项二级指标为 j，则其对企业高管人力资本相对价值评估的权重 W_j（$j=1, 2, \cdots, 8$）可依上式求得。由此，可求得企业高管人力资本相对价值评估指标体系中所有二级指标对企业高管人力资本相对价值评估的权重。

2. 制定所有二级指标的评分等级标准并为其评分。将所有二级指标的等级分为很差、较差、一般、较好、很好 5 级，分别赋值为 1、2、3、4、5 分，当认为指标等级介于两相邻等级之间时，则相应评分为 1.5、2.5、3.5、4.5 分。

接下来由专家组依据所掌握的实际情况，各自对每名企业高管人力资本相对价值的各项二级指标评分。设有 l 名专家参与对 n 名企业高管人力资本相对价值的评分，其中第 k 名专家对第 i 名企业高管人力资本相对价值的第 j 项二级指标的评分为 x_{kij}，则该企业高管人力资本相对价值的该项指标的最后得分 x_{ij} 为：

$$x_{ij}=\frac{\sum_{k=1}^{l}x_{kij}}{l}\quad(i=1,2,\cdots,n;j=1,2,\cdots,8)\tag{6-28}$$

依据上式，可以得到每名企业高管人力资本相对价值每项二级指标的最后得分。

3. 确定评价灰类及其相关的白化权函数。在评价企业高管人力资本相对价值时，我们将评价灰类取为低、较低、中等、较高、高，共 5 级，相应地将各个二级指标的取值范围［1，5］也划分为 5 个区间：［1，1.5），［1.5，2.5），［2.5，3.5），［3.5，4.5），［4.5，5］，分别对应于上述 5 级灰类。

设 a_k（$k=1$，2，3，4，5）为第 k 个灰类区间的起点，a_{k+1} 为第 k 个灰类区间的终点（同时也是下一个灰类区间的起点），并将各个二级指标的取数域分别向左、右延拓至 $a_0=0.5$，$a_7=5.5$。

在此情况下，求 $\lambda_k=(a_k+a_{k+1})/2$（$k=1$，2，3，4，5），并令 λ_k 属于第 k 个灰类的白化权函数值为 1，连接（λ_k，1）与第 $k-1$ 个灰类的起点 a_{k-1} 和第 $k+1$ 个灰类的终点 a_{k+2}，就得到二级指标 j（j=1，2，…，8）属于灰类 k（$k=1$，2，3，4，5）的白化权函数 $f_j^k(x)$。

具体来说，二级指标 j 属于灰类 1、2、3、4、5 的白化权函数分别为：

$$f_j^1(x)=\begin{cases}0 & x\notin[0.5,2.5]\\ \dfrac{x-0.5}{1.25-0.5} & x\in[0.5,1.25]\\ \dfrac{2.5-x}{2.5-1.25} & x\in[1.25,2.5]\end{cases}\tag{6-29}$$

$$f_j^2(x)=\begin{cases}0 & x\notin[1,3.5]\\ \dfrac{x-1}{2-1} & x\in[1,2]\\ \dfrac{3.5-x}{3.5-2} & x\in[2,3.5]\end{cases} \tag{6-30}$$

$$f_j^3(x)=\begin{cases}0 & x\notin[1.5,4.5]\\ \dfrac{x-1.5}{3-1.5} & x\in[1.5,3]\\ \dfrac{4.5-x}{4.5-3} & x\in[3,4.5]\end{cases} \tag{6-31}$$

$$f_j^4(x)=\begin{cases}0 & x\notin[2.5,5]\\ \dfrac{x-2.5}{4-2.5} & x\in[2.5,4]\\ \dfrac{5-x}{5-4} & x\in[4,5]\end{cases} \tag{6-32}$$

$$f_j^5(x)=\begin{cases}0 & x\notin[3.5,5.5]\\ \dfrac{x-3.5}{4.75-3.5} & x\in[3.5,4.75]\\ \dfrac{5.5-x}{5.5-4.75} & x\in[4.75,5.5]\end{cases} \tag{6-33}$$

4. 计算各被评估企业高管人力资本相对价值属于各灰类的单位评价系数。第 i 名企业高管人力资本相对价值属于灰类 k 的评价系数 σ_i^k 为：

$$\sigma_i^k=\sum_{j=1}^{8}f_j^k(x_{ij})W_j \quad (i=1,2,\cdots n;k=1,2,3,4,5) \tag{6-34}$$

其中，x_{ij}是第 i 名企业高管人力资本相对价值第 j 项二级指标的最后得分，$f_j^k(x_{ij})$是第 i 名企业高管人力资本相对价值在二级指标 j 下属于灰类 k 的白化权函数值，W_j是二级指标 j 对企业高管人力资本相对价值评估的权重。

第 i 名企业高管人力资本相对价值属于灰类 k 的单位评价系数 δ_i^k 为：

$$\delta_i^k=\frac{\sigma_i^k}{\sum_{k=1}^{5}\sigma_i^k} \quad (i=1,2,\cdots,n;k=1,2,3,4,5) \tag{6-35}$$

5. 判断各被评估企业高管人力资本相对价值所属灰类类别。

第 i 名企业高管人力资本相对价值所属灰类 k^* 通过下式判断：

$$\max_{1\le k\le 5}\{\delta_i^k\} = \delta_i^{k^*} \quad (i=1,2,\cdots,n) \tag{6-36}$$

6. 按照综合评价测度系数对属于同一灰类的各个企业高管人力资本相对价值进行排序。

首先定义 5 个灰类的调整系数 η_k（$k=1$，2，3，4，5）分别为：

$$\eta_1=(5,4,3,2,1)$$
$$\eta_2=(4,5,4,3,2)$$
$$\eta_3=(3,4,5,4,3)$$
$$\eta_4=(2,3,4,5,4)$$
$$\eta_5=(1,2,3,4,5)$$

然后求第 i 名企业高管人力资本相对价值对所属灰类 k^* 的综合评价测度系数 ω_i：

$$\omega_i = \eta_{k^*}\cdot\delta_i^T \quad (i=1,2,\cdots,n;k^*=1,2,3,4,5) \tag{6-37}$$

其中，$\delta_i^T=(\delta_i^1,\ \delta_i^2,\ \delta_i^3,\ \delta_i^4,\ \delta_i^5)^T$。

最后按照属于同一灰类 k^* 的各个企业高管人力资本相对价值对所属灰类的综合评价测度系数 ω_i 由高到低排列，就可以确定各个企业高管人力资本相对价值属于该灰类的优劣顺序。

综上所述，我们已经构建了企业高管人力资本相对定价模型，可以用此模型评价企业高管人力资本相对价值高低，并在不同企业高管之间进行比较。

（二）模型评价

1. 该模型构建背景具有灰性。企业高管人力资本相对定价模型最终应该综合反映企业高管人力资本价值评估构成要素。而由于企业高管人力资本价值评估构成要素众多，我们无法了解全部构成要素，也不清楚它们之间的相互关系及对企业高管人力资本价值的影响方式，这使企业高管人力资本价值系统本身就带有灰性，应使用灰色数学方法对其进行研究。有鉴于此，我们才用多层灰色综合评价方法构建企业高管人力资本相对定价模型。

2. 该模型评价对象具有专一性。企业高管人力资本相对定价模型构建工作需要在建立企业高管人力资本相对价值评估指标体系的基础上才能进行，而该指标体系中的指标都是围绕企业高管人力资本价值评估主要构成要素提炼、汇总和定义的，因此，该模型并不适用于评价企业其他人员人力资本相对价值，而是专门用于评价企业高管人力资本相对价值，如果要评价企业其他人员人力资本相对价值需要重新建立与之相适应的指标体系。

3. 该模型中各指标的权重及灰类的划分具有可变性。企业在实际运用该模型时，可根据本企业的实际情况调整各个指标之间的权重分配，以使最后得到的企业高管人力资本相对价值更能符合本企业背景及本企业对高层管理人员的实际需要。也就是说，依据此模型得到的同一位高管人力资本相对价值对不同企业而言是不一样的，这一点保证了该模型对不同企业都能适用，毕竟企业高管的价值必须处于某个具体企业环境中才能得到体现。同时，虽然本章中将评价灰类划分为5级，但企业也可根据实际情况将评价灰类分为更粗或更细的级别，比如将评价灰类分为7级，则原来某些属于同一灰类的人则可被区分在不同灰类中，这样就可不用计算综合评价测度系数而直接得到更为精细的评价结果。

4. 该模型与企业高管人力资本绝对定价模型具有互补性。企业高管人力资本绝对定价模型是用会计核算的方法对企业中的高层管理人员自身人力资本价值的货币化反映，主要为企业合理编写财务报表、制定有关于企业高管的各项财务政策、进行财务调控提供依据，但它对企业开展高层管理人员各项人力资源管理工作却不能发挥作用。企业高管人力资本相对定价模型是对企业中的高层管理人员的人力资本所处的相对水平的反映，它的作用就是协助企业开展高层管理人员各项人力资源管理工作。具体来说，通过对企业高管人力资本相对价值评估指标属于某个价值评价灰类的分析，我们就可确定哪些指标存在的不足是影响其人力资本相对价值提升的主要原因，并以此为依据对企业高管进行培训来提升其相对价值；通过对某位企业高管人力资本相对价值属于某个价值评价灰类的分析，我们根据人力资本相对价值的综合评价结果，设计相应的激励政策，以体现其人力资本的全面价值；通过对多位企业高管人力资本相对价值的比较分析，我们就可根据他们之间人力资本高低程度的优劣比较，确定他们对从事高层管理工作的适合程度，从而可以为企业进行相关的高层管理人员晋升、调职、降职、竞聘决策提供科学参考。

第七章

促进知识员工成长的天津市中小制造企业文化构建

经过调研，显示天津市中小制造企业转型升级中企业文化影响较大，良好的企业文化将促进与企业转型密切相关的知识员工的成长，推动企业转型升级工作顺利开展。下面将阐述如何构建这种良好的天津市中小制造企业文化。

第一节　企业文化与知识员工成长

一、企业文化构成

荷兰学者吉尔特·霍夫斯塔德在其代表作《跨越合作的障碍——多元文化与管理》中提到：尽管不同时代，不同民族的文化各具特色，但其结构形式大体一致，即由各不相同的物质生活文化，行为习俗文化，制度管理文化和精神意识文化四层次构成。企业文化本质上也属于一种文化现象，按照上述文化的结构，可将企业文化也划分为四个层次，即企业物质文化、企业行为文化、企业制度文化和企业精神文化。

这种企业文化构成划分方法在理论界得到普遍认同，也被称为四层同心圆模型。它将企业文化认为是由内到外的四个同心圆组成的。最内层的圆是精神层，作为企业文化的核心，集中反映了企业特有的经营理念和全体员工的群体意识，起到支撑企业文化体系的枢纽作用；它外面的圆是制度层，是将精神层的理念和意识在企业中推行的方针政策和规范；再外面的圆是行为层，是企业各级员工在日常工作中的举止行为和工作风格，是精神层的理念和意识通过行为层的方针政策和规范要加以约束和影响的目标，从行为中也直观地反映出企业的精神风貌；最外面的圆是物质层，它承载并折射出企业的理念意识、方针规范和员工的行为结果，是企业文化的物质表征。

在四层同心圆模型的基础上，考虑到同心圆模型的最外面两个圆即行为层和物质层，虽然前者并不像后者一样是有形的物质，但其共同点是它们都可以被外界直接感知并反映企业文化的内核，所以可以将这两者合并起来，形成三层同心圆模型，也叫洋葱模型。这种企业文化构成划分方法是理论界最为常用的一种划分方法。

洋葱模型的最内层是精神层，包括企业使命、愿景、价值观、道德等一系列涉及企业意识形态方面的内容，是形成制度层和物质层的基础，成为企业文化的灵魂所在；中层是制度层，包括企业领导体制、组织结构、管理制度等，它介于精神层和物质层之间，属于把精神层转化为物质层的中介，是精神层的载体，又是物质层的约束；外层是物质层，包括企业员工的行为、企业产品服务、薪酬福利、工作环境等，是企业文化的外在表现，也是企业文化的最直接体现。

下文在考虑影响知识员工成长的企业文化要素时，是按照三层同心圆模型即洋葱模型来剖析企业文化构面的。

二、知识员工成长阶段

在企业中，知识员工成长阶段可划分为职业进入阶段、职业发展阶段、职业稳定阶段、职业衰退阶段。

第一阶段：职业进入阶段。此阶段知识员工刚刚进入某一组织工作，对组织的基本规则和具体工作过程处于适应阶段，对于如何将自己的知识应用于具体工作情境进行创造性劳动并不非常清楚，因此自身的工作能力并不能得到充分发挥。他们对所从事的职业还处于探索过程，并不能确定目前所从事的职业是否就是合适的职业选择，导致其会结合自身的职业兴趣、专业能力、工作中所获机会等方面进行综合考虑，合适则继续从事目前职业，不合适则另谋他路，造成该阶段的离职率较高。同时，组织中的其他人对该员工也缺乏了解，对其工作能力、为人处事等方面都处于考察阶段，故此该员工在组织中的地位往往较低。

第二阶段：职业发展阶段。此阶段知识员工已经在组织工作了一段时间，已经大体掌握了组织的基本规则和具体工作过程，随之而来的是工作能力明显提高，逐渐知晓在具体工作情境中如何应用知识进行创造性劳动，工作绩效也随之提高。本阶段他们已经通过前一阶段的探索，把目前所从事的职业确定为适宜的职业领域，致力于利用目前的工作所提供的机会提升自己的职业能力，工作的独立意识和成就意识也大大增强，希望在工作中承担更多的责任，并获得与这种责任相应的职业认可。伴随工作中接触机会的增多，组织中的其他人对该员工也有了更为深入的了解，开始逐渐把更为重要的工作交给其完成，因此往往带来该员工职位的提升。为了获得进一步的职位提升，员工会希望把自己的全部实力在目前工作中展现出来，所以该阶段知识员工的创造力空前提高，而离职率则大大降低。

第三阶段：职业稳定阶段。此阶段知识员工在组织的工作已比较长，对组织的基本规则和具体工作过程已非常熟悉，已经形成了带有个人明显特点的工作思路和方法，即使在工作中遇到全新的问题，也能运用合适的手段找到解决的途径。他们在目前所从事的工作中已取得了相当的成就，工作能力已经充分发挥，在自己的职业领域内已成为可以独当一面的人。随着该员工成为企业的老员工，组织成员与其非常熟悉，其人际网络已完全建立，对其完成重要工作也非常信任。此时，该员工的职位在提升到某一个高度后会稳定下来，在组织内部地位虽高，但很难有进一步上升的空间。与此相适应，该阶段知识员工的创造力虽然很高，但在目前职位上创造力已缺乏进一步提升的空间，使员工进入业绩高却相对停滞不前的状况。

第四阶段：职业衰退阶段。此阶段知识员工虽然在组织已经成为资深员工，但在目前的工作岗位上潜力已经挖掘完毕，创造力已逐渐开始下降，随之而来的是工作业绩也逐渐下降。他们在组织内往往受人尊敬，成为本领域内组织新入职员工的榜样和师傅，但同时也面临着在组织中工作角色弱化、所承担的职位被其他人取代等一系列问题。在这种情况下，可能出现多种选择：有的知识员工继续留在组织中发挥余热，同时安然接受角色的转变；有的知识员工则可能转换思路，重新进行职业定位，离开目前所在的组织，在新的组织中寻找更能发挥自身特长的职位。

三、企业文化与知识员工成长关系

（一）企业文化精神层与知识员工成长关系

企业文化精神层是指企业经营思想与风格的集中体现，成为企业开展经营管理的核心价值体系。它对于企业知识员工来说，虽然不像制度层和物质层那样作用比较直接，但却能对知识员工判断本企业的工作氛围产生潜移默化的影响，进而影响知识员工的工作状态和是否留在本企业继续工作的意愿。积极向上、以人为本的企业精神文化能充分激发知识员工主动工作、创新进取的动机，促成其与企业共同发展的思想，使他们产生在推动企业成功的过程中实现个人自我价值的理想，从而使知识员工愿意留在企业工作，降低其流失率。这样的精神文化对于处于职业进入阶段的知识员工来说，可以增强其对在企业发展前景的信心，减轻其在职业探索期的盲目感和心理压力；对于处于职业发展阶段的知识员工来说，有助于进一步增强其主动性和责任意识，使其创造力得到更充分的发挥；对于处于职业稳定阶段的员工来说，有助于满足其职业成就感，并促使他们将自己的出色业绩在较长时间内维持在同一水平上；对于处于职业衰退阶段的员工来说，有助于其适应职业角色转变带来的心理落差，继续为企业贡献应有的力量。中小制造企业本身在资金、技术、管理等各项软硬件条件上与大型企业存在相当差距，优良的企业精神文化对中小制造企业知识员工成长所提供的助力，能够有效地帮助中小制造企业吸纳和保留人才，为企业发展提供足够的人才储备。

（二）企业文化制度层与知识员工成长关系

企业文化制度层作为体现企业文化精神层的关键规范准则，在将企业精神文化的抽象思想意识转化为企业员工的具体行为方面起着不可替代的中介作用。对于知识员工来说，企业制度文化既起到规范工作行为，使员工的自主工作行为能够在有序的框架下展开，为所有知识员工在企业中的成长创造秩序井然的工作环境的作用，又起到以明确条文的形式向知识员工规定应享有的各项权利，满足其对个人职业成长追求的作用。另外，如果企业制度文化向知识员工传递出公平合理、充满人文关怀的信息，知识员工就会感到他们的工作受到企业重视，从而增强在企业获得持续发展的信心。良好的制度文化可以使处于职业进入阶段的知识员工在制度的帮助下尽快融入组织，顺利进入良性发展状态；可以使处于职业发展阶段的知识员工发现在工作中学习深造、责任扩大化、职位晋升的机会，获得稳定成长的空间；可以使处于职业稳定阶段的知识员工感到自己的工作成绩得到组织认可，工作自主性得到充分保证，满足其对职业成功、自我价值实现的心理预期；可以使处于职业衰退阶段的知识员工找到对组织中的其他员工进行知识辅导，继续发挥余热的机会，从而保持其应有的职业尊严。对中小制造企业来说，制度文化是否规范合理，关系这些企业的精神文化究竟能否落到实处，为广大知识员工所信服。如果制度文化不健全，企业的精神文化就成为空洞的口号，这对于企业中知识员工的成长不能起到应有的作用。

（三）企业文化物质层与知识员工成长关系

企业文化物质层是企业文化最直接的体现，能够被知识员工直接感知。其中的员工行为，作为企业员工日常工作中的惯常行动表现，代表了企业文化对员工潜移默化的影响，会对知识员工在企业中的工作表现产生一定的示范作用。同时，该层也包括企业文化形成的各项有形物质设施，这些物质设施形成的工作环境与知识员工的工作情绪有相当大的联系，由于知识员工在日常工作中身处其中，能够直观感受工作环境的适宜程度，因此会对知识员工的工作情绪造成直接的冲击，进而影响知识员工的工作状态。良好的物质文化能够帮助处于职业进入阶段的知识员工从其他员工的示范行为和行动支持中获得提高，迅速适应工作，良好的工作环境也有利于他们形成对企业的正面印象，增强其为企业长期工作的信心；能够帮助处于职业发展阶段的员工感受到来自组织其他人的认可，为其职业发展增添动力；能够帮助处于职业稳定阶段的员工体会到和谐的人际关系和团队合作氛围，满足在工作上获得出色成就的他们希望得到尊重的心理预期；能够帮助处于职业衰退阶段的员工感觉来自组织其他成员对其一直以来工作业绩的肯定，帮助其适应职业衰退阶段角色地位的变化。在物质文化层面，广大中小制造企业一直处于比较薄弱的地位，员工行为的规范性、物质设施的完善性等都有待进一步加强，以使该类企业中的知识员工能切实感受企业为他们的成长在物质文化上所做的努力，这对于中小制造企业留住骨干知识员工，保证企业转型升级的人才队伍稳定是非常重要的。

第二节 影响知识员工成长的天津市中小制造企业文化要素

处于不同成长阶段的知识员工，关注企业文化的点是有一定差异的，这会造成影响不同成长阶段知识员工的文化要素有差异。按照精神层面、制度层面、物质层面的企业文化结构，我们提出天津市中小制造企业文化要素如表7－1所示。

表7－1 天津市中小制造企业文化要素

所属层面	要素名称	要素含义
精神层面	长远规划	企业提出明确的使命、战略、愿景等
精神层面	目标清晰	企业有明确的各阶段发展目标
精神层面	价值认同	企业有鲜明的价值观并得到员工的认同
精神层面	公平公正	企业有公平公正的企业精神
制度层面	善于授权	企业在领导体制中善于放权给下属
制度层面	决策民主	企业有民主科学的决策机制
制度层面	责任清晰	企业明确每个员工的工作责任
制度层面	管理完善	企业有完善的规章制度和管理体系
制度层面	晋升科学	企业有科学完备的晋升机制
制度层面	激励科学	企业有科学完备的激励机制
制度层面	考核科学	企业有科学完备的考核机制
制度层面	培训科学	企业有科学完备的培训机制
物质层面	以身作则	领导日常行为为下属树立榜样
物质层面	团结协作	部门间、员工间相处融洽，精诚合作
物质层面	指导帮助	工作中能从其他员工获得提示和协助
物质层面	企业形象	企业在社会上有良好的正面形象
物质层面	工作环境	企业工作环境条件较舒适
物质层面	薪酬福利	企业为员工提供良好的薪酬福利待遇
物质层面	工作认同	工作成绩获得其他员工的认可和尊重
物质层面	文化活动	企业或部门举办的与企业文化推广有关的活动

而后，我们向企业知识员工发放问卷，让其选出最关注的10项要素。在有效填写的434份问卷中，处于职业进入阶段的知识员工110人，处于职业发展阶段的知识员工116人，处于职业稳定阶段的知识员工106人，处于职业衰退阶段的知识员工102人。以下是各阶段知识员工有效问卷填写结果。

一、职业进入阶段知识员工有效问卷填写结果

处于职业进入阶段的110名知识员工有效问卷填写结果如表7－2所示。

表7－2　职业进入阶段知识员工有效问卷填写结果

要素名称	样本总数	选择总数	关注度排序
长远规划	110	15	18
目标清晰	110	13	20
价值认同	110	64	8
公平公正	110	65	7
善于授权	110	51	11
决策民主	110	38	13
责任清晰	110	21	16
管理完善	110	37	14
晋升科学	110	110	1
激励科学	110	87	5
考核科学	110	42	12
培训科学	110	105	3
以身作则	110	14	19
团结协作	110	53	10
指导帮助	110	71	6
企业形象	110	58	9
工作环境	110	35	15
薪酬福利	110	110	1
工作认同	110	92	4
文化活动	110	19	17

从表7－2可以看出，处于职业进入阶段的知识员工最关注的前10项要素依次为：薪酬福利、晋升科学、培训科学、工作认同、激励科学、指导帮助、公平公正、价值认同、企业形象、团结协作。其中，排名前5位的要素选择人数均在85人以上，排名第5位的激励科学选择率也几乎达到80%（79.1%），前4位选择率则均超过80%，尤其是薪酬福利和晋升科学两个要素，选择率均为100%。这一结果表明，处于职业进入阶段的知识员工对在企业获得的经济待遇和未来的发展机会有最迫切的需求。这与这一阶段的知识员工生活刚刚独立，面临较大的经济压力，期望获得基本的生活保障，以及急切希望利用自己的专业知识获得个人职业地位发展的心理相吻合。同时，其他三位因素则反映了这一阶段知识员工独立工作技能欠缺、组织地位较低而又期望获得他人承认的心理。后面5项要素反映的心理大体与前5项相同，值得注意的是第8和第9项要素反映出这一阶段的员工也关注自身价值观与企业价值观的匹配程度并且希望选择社会声誉较高的中小制造企业任职，这集中体现出该阶段的员工处于职业探索期的观望心理，如果发现所处的企业不合适可能就会马上跳槽。

二、职业发展阶段知识员工有效问卷填写结果

处于职业发展阶段的116名知识员工有效问卷填写结果如表7－3所示。

表7－3　职业发展阶段知识员工有效问卷填写结果

要素名称	样本总数	选择总数	关注度排序
长远规划	116	16	16
目标清晰	116	15	17
价值认同	116	21	15
公平公正	116	81	6
善于授权	116	90	4
决策民主	116	73	9
责任清晰	116	80	7
管理完善	116	70	10
晋升科学	116	116	1

续表

要素名称	样本总数	选择总数	关注度排序
激励科学	116	108	3
考核科学	116	75	8
培训科学	116	65	11
以身作则	116	28	14
团结协作	116	47	13
指导帮助	116	60	12
企业形象	116	5	19
工作环境	116	6	18
薪酬福利	116	116	1
工作认同	116	83	5
文化活动	116	5	19

从表 7 – 3 可以看出，处于职业发展阶段的知识员工最关注的前 10 项要素依次为：薪酬福利、晋升科学、激励科学、善于授权、工作认同、公平公正、责任清晰、考核科学、决策民主、管理完善。其中，在表 3 中排名前 5 位的要素有 4 项仍然在前 5 位，原先排名前 2 位的薪酬福利和晋升科学排名仍旧未变，且选择率仍为 100%，而原先排名第 3 位的培训科学下降到第 11 位，原先排名第 11 位的善于授权则上升到第 4 位。这一结果表明，处于职业发展阶段的知识员工面临的经济压力仍然很大，而且随着其工作技能的逐渐提高，他们期望在工作中获得更多的上升空间，并获得与其对工作的贡献相匹配的工作回报。另外，他们工作的独立性越来越强，自学能力逐渐提高，对培训的依赖性与原先相比大大下降，也渴望自己的工作成绩受到组织的认可。后面 5 项要素选择的人数比较接近，排在第 6 位的公平公正与排在第 10 位的管理完善选择人数相差也仅为 11 人。这说明，本阶段的知识员工对后几个要素都较为关注，这些要素都是与员工在工作中希望承担更大的责任，并获得个人发展的良性组织氛围密切相关的，从另一个侧面反映了天津市中小制造企业知识员工在此阶段工作独立性的增强。

三、职业稳定阶段知识员工有效问卷填写结果

处于职业稳定阶段的106名知识员工有效问卷填写结果如表7－4所示。

表7－4　职业稳定阶段知识员工有效问卷填写结果

要素名称	样本总数	选择总数	关注度排序
长远规划	106	63	5
目标清晰	106	53	9
价值认同	106	57	7
公平公正	106	55	8
善于授权	106	87	4
决策民主	106	42	14
责任清晰	106	46	13
管理完善	106	49	12
晋升科学	106	36	15
激励科学	106	101	2
考核科学	106	50	11
培训科学	106	23	18
以身作则	106	30	17
团结协作	106	62	6
指导帮助	106	14	19
企业形象	106	31	16
工作环境	106	13	20
薪酬福利	106	91	3
工作认同	106	106	1
文化活动	106	51	10

从表7－4可以看出，处于职业稳定阶段的知识员工最关注的前10项要素依次为：工作认同、激励科学、薪酬福利、善于授权、长远规划、团结协作、价值认同、公平公正、目标清晰、文化活动。前两个阶段均排名前5位的要素在本阶段仍然排名前5位的要素有3个：工作认同、激励科学、薪酬福利，但工作认同排名变为第一，且选择率为100%，激励科学排名不断上

升，排在第二，薪酬福利排名则出现下降，只排在第三。这说明，此阶段的知识员工正处于成长巅峰状态，内心工作成就意识强烈，非常希望得到大家的认同。而且，作为为单位贡献最大的人，也期望获得与此相应的全面回报，这种回报不仅包括物质回报，更包括精神回报。排在第4的善于授权则是该阶段知识员工工作自主性的最好诠释。长远规划在前两个阶段中排名较低，但在此阶段排名升至第5，反映了此阶段知识员工已将个人的成长纳入企业的长期发展之中，希望与企业共同成长。与这一趋势相适应，此阶段知识员工在后5项要素的选择中更多地考虑企业的发展与组织良性工作氛围的提升，在前两个阶段均排名10名开外的要素如目标清晰、文化活动都进入了前10位，而团结协作、价值认同、公平公正也是反映这一趋势的要素。

四、职业衰退阶段知识员工有效问卷填写结果

处于职业衰退阶段的102名知识员工有效问卷填写结果如表7－5所示。

表7－5　职业衰退阶段知识员工有效问卷填写结果

要素名称	样本总数	选择总数	关注度排序
长远规划	102	12	19
目标清晰	102	14	18
价值认同	102	54	8
公平公正	102	88	4
善于授权	102	43	11
决策民主	102	38	12
责任清晰	102	29	16
管理完善	102	30	15
晋升科学	102	12	19
激励科学	102	85	5
考核科学	102	34	13
培训科学	102	77	6
以身作则	102	45	10
团结协作	102	91	3

续表

要素名称	样本总数	选择总数	关注度排序
指导帮助	102	68	7
企业形象	102	27	17
工作环境	102	32	14
薪酬福利	102	95	2
工作认同	102	98	1
文化活动	102	48	9

从表 7 -5 可以看出，处于职业衰退阶段的知识员工最关注的前 10 项要素依次为：工作认同、薪酬福利、团结协作、公平公正、激励科学、培训科学、指导帮助、价值认同、文化活动、以身作则。前三个阶段均排名前 5 的要素在本阶段仍然排名前 5 位的为工作认同、薪酬福利、激励科学 3 个，且工作认同与职业稳定阶段相同，仍排名第 1 位。这表明，该阶段的知识员工即使面临职业角色弱化的局面，但内心还是希望其长期以来的工作业绩被大家认可和尊重，同时面对今后可能要发生的工作生活重心的转换，也期望能获得一定的未来生活保障。该阶段排名前 5 位的要素还包括排第 3 的团结协作和排第 4 的公平公正，这在一定程度上反映出该阶段知识员工对组织和谐人际关系与良性工作氛围的追求，这也在后 5 项要素中的价值认同和文化活动上体现出来。同时，后 5 项要素中的培训科学反映出该阶段的知识员工也有相当部分希望通过培训调整自己的心态，适应职业角色的变化，或是希望通过培训为自己增长新的技能，重新迎来职业生涯的转机；指导帮助和以身作则体现出该阶段知识员工作为经验丰富的员工，还希望在组织中发挥余热，通过言传身教成为其他人的榜样，这也从一个侧面反映出他们渴望获得组织其他人认可和尊重的心理，并与培训科学要素一起，体现出该阶段知识员工既存在“学”的需求，也存在“教”的欲望，是两者的统一体。

五、影响知识员工成长的天津市中小制造企业文化评价体系构建

将以上有效问卷填写结果进行汇总，可以得到知识员工成长各阶段关注的企业文化要素总排名，如表 7 -6 所示。

表7-6 知识员工成长各阶段关注的企业文化要素总排名

要素名称	样本总数	选择总数	关注度排序
长远规划	434	106	18
目标清晰	434	95	19
价值认同	434	196	11
公平公正	434	289	4
善于授权	434	271	6
决策民主	434	191	12
责任清晰	434	176	14
管理完善	434	186	13
晋升科学	434	274	5
激励科学	434	381	2
考核科学	434	201	10
培训科学	434	270	7
以身作则	434	117	17
团结协作	434	253	8
指导帮助	434	213	9
企业形象	434	121	16
工作环境	434	86	20
薪酬福利	434	412	1
工作认同	434	379	3
文化活动	434	123	15

从表7-6可以看出，知识员工成长各阶段总体上最关注的前10项企业文化要素依次为：薪酬福利、激励科学、工作认同、公平公正、晋升科学、善于授权、培训科学、团结协作、指导帮助、考核科学。其中，薪酬福利、激励科学、工作认同、公平公正4项要素在每个成长阶段均为该阶段知识员工最为关注的10项要素，显示突出的重要性。另外，工作环境在所有企业文化要素的总关注度中排名最后，在所有成长阶段均未被选为该阶段知识员工最为关注的10项要素，显示出对于天津市中小制造企业知识员工来说，促使他们留在企业成长发展的主要因素并不是该类企业的现有硬件条件，这与天津市中小制造企业目前相对于大企业来说较为薄弱的硬件基础现状也是相符合的。

综合以上分析，我们依据各阶段选出的前10项要素，最终得到如下影响知识员工成长的天津市中小制造企业文化评价体系，如表7-7所示。

表7-7　影响知识员工成长的天津市中小制造企业文化评价体系

	四阶段共有要素及含义	各阶段其他要素及含义	成长阶段
影响知识员工成长的天津市中小制造企业文化要素	薪酬福利：企业为员工提供良好的薪酬福利待遇 激励科学：企业有科学完备的激励机制 工作认同：工作成绩获得其他员工的认可和尊重 公平公正：企业有公平公正的企业精神	晋升科学：企业有科学完备的晋升机制	职业进入阶段
		培训科学：企业有科学完备的培训机制	
		指导帮助：工作中能从其他员工获得提示和协助	
		价值认同：企业有鲜明的价值观并得到员工的认同	
		企业形象：企业在社会上有良好的正面形象	
		团结协作：部门间、员工间相处融洽，精诚合作	
		晋升科学：企业有科学完备的晋升机制	职业发展阶段
		善于授权：企业在领导体制中善于放权给下属	
		责任清晰：企业明确每个员工的工作责任	
		考核科学：企业有科学完备的考核机制	
		决策民主：企业有民主科学的决策机制	
		管理完善：企业有完善的规章制度和管理体系	
		善于授权：企业在领导体制中善于放权给下属	职业稳定阶段
		长远规划：企业提出明确的使命、战略、愿景等	
		团结协作：部门间、员工间相处融洽，精诚合作	
		价值认同：企业有鲜明的价值观并得到员工的认同	
		目标清晰：企业有明确的各阶段发展目标	
		文化活动：企业或部门举办的与企业文化推广有关的活动	
		团结协作：部门间、员工间相处融洽，精诚合作	职业衰退阶段
		培训科学：企业有科学完备的培训机制	
		指导帮助：工作中能从其他员工获得提示和协助	
		价值认同：企业有鲜明的价值观并得到员工的认同	
		文化活动：企业或部门举办的与企业文化推广有关的活动	
		以身作则：领导日常行为为下属树立榜样	

第三节 影响知识员工成长的天津市中小制造企业文化建设状况

为发现影响知识员工成长的天津市中小制造企业文化建设状况，我们调查了不同成长阶段的知识员工，让其针对上面构建的企业文化评价体系，说明其感受到的本企业在自己所处的成长阶段对应的各项文化要素上的实际状况。针对回收的896份有效问卷的统计结果如下。

一、知识员工成长各阶段涉及企业文化要素的因子分析

（一）职业进入阶段涉及企业文化要素的因子分析

在提取4个共同因子的条件下，职业进入阶段正交旋转后的因子载荷矩阵如表7－8所示。

表7－8 职业进入阶段正交旋转后的因子载荷矩阵

分类	成分			
	1	2	3	4
薪酬福利	－0.021	－0.024	0.892	－0.014
激励科学	0.353	－0.359	－0.438	－0.454
工作认同	0.110	－0.193	0.889	－0.027
公平公正	－0.156	0.921	－0.107	0.006
晋升科学	0.682	0.039	0.396	0.028
培训科学	－0.545	0.333	0.174	0.049
指导帮助	0.009	－0.017	－0.072	0.951
价值认同	－0.173	0.921	－0.110	0.036
企业形象	0.728	－0.329	－0.091	－0.135
团结协作	0.880	－0.062	0.054	0.023

从表7－8可以看出，晋升科学、培训科学、企业形象、团结协作在第1

个因子上有较高载荷，由于上述要素涉及企业对知识员工未来的工作发展安排、企业为知识员工未来工作发展的素质提升安排、知识员工随企业快速发展而可能面临的发展机会、知识员工工作发展可能得到的其他员工和部门支持，故可将第1个因子命名为个体发展。公平公正、价值认同在第2个因子上有较高载荷，由于上述要素涉及知识员工在工作中感受到的组织对待每个员工的基本态度，故可将第2个因子命名为组织氛围。薪酬福利、工作认同在第3个因子上有较高载荷，由于上述要素涉及知识员工在企业的表现得到的外在承认和内在尊重，故可将第3个因子命名为个体认可。激励科学、指导帮助在第4个因子上有较高载荷，由于上述要素涉及企业如何激发此阶段知识员工适应并做好工作、组织其他成员如何帮助此阶段知识员工适应并做好工作，故可将第4个因子命名为工作适应；同时应指出，激励科学这个要素在第4个因子上的载荷只是略高于在第3个因子上的载荷，说明激励科学这个要素是一个牵涉面较广的要素，它既关系到初入职场的知识员工适应工作的程度，也关系到他们感受到的自身被认可的程度。通过上述分析，我们发现中小制造企业知识员工职业进入阶段，可以从个体发展、组织氛围、个体认可、工作适应四方面进行企业文化建设，以求达到较好的激励效果。

（二）职业发展阶段涉及企业文化要素的因子分析

在提取4个共同因子的条件下，职业发展阶段正交旋转后的因子载荷矩阵如表7-9所示。

表7-9 职业发展阶段正交旋转后的因子载荷矩阵

分类	成分			
	1	2	3	4
薪酬福利	0.005	0.941	-0.097	-0.142
激励科学	0.807	0.006	0.240	-0.042
工作认同	0.738	-0.160	-0.120	-0.295
公平公正	-0.072	-0.053	-0.146	0.954
晋升科学	0.940	-0.015	0.072	-0.032

续表

分类	成分			
	1	2	3	4
善于授权	0.149	-0.185	0.861	-0.092
责任清晰	-0.057	0.550	-0.124	0.081
考核科学	-0.006	0.925	-0.110	-0.027
决策民主	0.010	-0.152	0.906	-0.067
管理完善	0.892	0.031	0.027	0.125

从表7-9可以看出，激励科学、工作认同、晋升科学、管理完善在第1个因子上有较高载荷，由于上述要素涉及企业对知识员工的工作业绩表示认可支持，并通过规范完善的管理制度，尤其是科学完备的激励制度和有序合理的晋升制度体现这种支持，故可将第1个因子命名为工作成就。薪酬福利、责任清晰、考核科学在第2个因子上有较高载荷，由于上述要素涉及知识员工在工作中承担责任的增强，并对其履行责任的情况进行科学考核，薪酬福利也与履行责任的情况相挂钩，故可将第2个因子命名为工作责任。善于授权、决策民主在第3个因子上有较高载荷，由于上述要素涉及知识员工在工作中独立性的增强，并获得在企业事务中独立发表意见的机会，故可将第3个因子命名为个体独立。公平公正在第4个因子上有较高载荷，由于该因子只涉及这一个要素，而该要素与企业让知识员工在工作中感受到组织对待员工的公正态度有关，故可将第4个因子命名为组织公正。通过上述分析，我们发现中小制造企业知识员工职业发展阶段，可以从工作成就、工作责任、个体独立、组织公正四方面进行企业文化建设，以求达到较好的激励效果。

（三）职业稳定阶段涉及企业文化要素的因子分析

在提取3个共同因子的条件下，职业稳定阶段正交旋转后的因子载荷矩阵如表7-10所示。

表 7-10 职业稳定阶段正交旋转后的因子载荷矩阵

分类	成分		
	1	2	3
薪酬福利	-0.036	0.224	0.898
激励科学	0.814	0.048	0.016
工作认同	0.017	0.391	0.783
公平公正	0.013	0.904	0.075
善于授权	-0.068	-0.072	0.877
长远规划	0.022	0.925	0.218
团结协作	0.912	0.043	-0.028
价值认同	0.032	0.960	0.125
目标清晰	0.917	-0.044	-0.059
文化活动	0.921	0.023	-0.044

从表 7-10 可以看出，激励科学、团结协作、目标清晰、文化活动在第 1 个因子上有较高载荷，由于上述要素涉及企业通过设定员工共同的努力目标、采取科学有效的激励机制和丰富多彩的文化活动加强员工间的交流协作，故可将第 1 个因子命名为人际联系。公平公正、长远规划、价值认同在第 2 个因子上有较高载荷，由于上述要素同样涉及知识员工在工作中感受到的组织对待每个员工的基本态度，故与职业进入阶段相同，可将第 2 个因子命名为组织氛围，只是职业稳定阶段该因子涉及要素比原先增加了长远规划，突出反映了该阶段知识员工作为企业骨干员工，更侧重于从企业长远发展角度来看待其对个人发展的促进作用。薪酬福利、工作认同、善于授权在第 3 个因子上有较高载荷，由于上述要素涉及知识员工在工作中受到组织更大的信任重视，完成的工作业绩受到组织其他员工认可尊重，并获得与之相符的报酬，故可将第 3 个因子命名为个体尊严。通过上述分析，我们发现中小制造企业知识员工职业稳定阶段，可以从人际联系、组织氛围、个体尊严三方面进行企业文化建设，以求达到较好的激励效果。

（四）职业衰退阶段涉及企业文化要素的因子分析

在提取 3 个共同因子的条件下，职业衰退阶段正交旋转后的因子载荷矩阵如表 7-11 所示。

表 7－11　职业衰退阶段正交旋转后的因子载荷矩阵

分类	成　分		
	1	2	3
薪酬福利	0.290	0.433	0.819
激励科学	－0.005	0.944	0.054
工作认同	0.056	0.766	0.472
公平公正	0.005	0.923	0.190
团结协作	0.927	0.049	0.225
培训科学	0.352	0.194	0.897
指导帮助	0.702	0.119	0.538
价值认同	0.839	－0.069	0.038
文化活动	0.922	0.073	0.273
以身作则	0.925	0.023	0.242

从表 7－11 可以看出，团结协作、指导帮助、价值认同、文化活动、以身作则在第 1 个因子上有较高载荷，由于上述要素涉及该阶段的知识员工在与企业建立共同价值观的基础上，通过与其他员工积极合作、指导帮助企业年轻员工、参与企业各种文化活动，带动企业年轻员工，成为他们的榜样，故可将第 1 个因子命名为带动他人。激励科学、工作认同、公平公正在第 2 个因子上有较高载荷，这些要素虽然与职业稳定阶段个体尊严因子中的要素不同，但对该阶段知识员工持续的激励、工作业绩的认可、公正对待的态度仍关乎他们感到的尊重与否，故依旧将第 2 个因子命名为个体尊严。薪酬福利、培训科学在第 3 个因子上有较高载荷，由于上述要素涉及该阶段知识员工未来将拥有的生活经济保障，以及组织帮助他们适应新生活所提供的培训，以便为未来提供心态保障与技能保障，故可将第 3 个因子命名为未来保障。通过上述分析，我们发现中小制造企业知识员工职业衰退阶段，可以从带动他人、个体尊严、未来保障三方面进行企业文化建设，以求达到较好的激励效果。

二、调查结果统计差异分析

（一）职业进入阶段涉及企业文化要素的统计差异分析

职业进入阶段 10 个要素的均值和标准差如表 7－12 所示。

表7－12　职业进入阶段要素描述统计表

分类	N	极小值	极大值	均值	标准差
薪酬福利	253	1	5	3.08	0.844
激励科学	253	1	5	3.12	0.719
工作认同	253	1	5	3.28	0.958
公平公正	253	1	5	3.66	0.865
晋升科学	253	1	5	3.19	0.806
培训科学	253	1	5	2.71	0.752
指导帮助	253	1	5	3.07	0.620
价值认同	253	2	5	3.59	0.743
企业形象	253	2	5	3.31	0.661
团结协作	253	1	5	3.25	0.770
有效的N（列表状态）	253	—	—	—	—

由表7－12可以看出，在该阶段，调查对象对所在中小制造企业文化要素评价比较高的是公平公正和价值认同，均值分别为3.66和3.59，这在一定程度上反映了天津市中小制造企业注重为新入职的知识员工营造良性竞争的氛围，用良好的企业理念吸引员工。调查对象对所在企业文化要素评价最低的是培训科学，均值只有2.71，这说明天津市中小制造企业普遍存在忽视培训的现象，很多企业培训只是走走过场，培训内容单一陈旧，无法满足新入职知识员工提升素质的要求。同时，受制于中小制造企业规模小、资金有限的现实状况，所能给予新员工的薪酬水平不高，与新入职知识员工对自身薪酬水平的期望形成了较大反差，导致新员工对薪酬福利要素普遍评价不高。在适应工作方面，很多企业也缺乏对新入职知识员工熟悉组织、适应工作必要的帮助，造成新员工对指导帮助要素普遍评价不高。此外，调查对象对激励科学、晋升科学评价也属于中等偏下水平，反映出天津市中小制造企业有一定的重技术、轻管理倾向，各项配套制度建设有待加强。

（二）职业发展阶段涉及企业文化要素的统计差异分析

职业发展阶段10个要素的均值和标准差如表7－13所示。

表 7－13　职业发展阶段要素描述统计表

分类	N	极小值	极大值	均值	标准差
薪酬福利	292	1	5	3.10	0.895
激励科学	292	1	5	3.18	0.804
工作认同	292	1	5	3.34	0.991
公平公正	292	1	5	3.63	0.916
晋升科学	292	1	5	3.17	0.860
善于授权	292	1	5	2.94	0.902
责任清晰	292	1	5	3.28	0.951
考核科学	292	1	5	3.18	0.818
决策民主	292	1	5	2.96	0.756
管理完善	292	1	5	3.00	0.706
有效的 N（列表状态）	292	—	—	—	—

由表 7－13 可以看出，在该阶段，调查对象对所在中小制造企业文化要素评价最高的仍为公平公正，均值为 3.63。除此之外，对工作认同要素评价相对较高，说明随着知识员工在企业工作时间的增长，组织对他们的信任度也逐渐提高。调查对象对所在企业文化要素评价最低的是善于授权，均值仅为 2.94，说明天津市中小制造企业在体制创新和民主化上还有待完善，决策民主要素评价均值仅为 2.96 也反映了这个问题。另外，管理完善要素评价均值为 3，也处于较低状态，进一步反映出天津市中小制造企业配套制度建设亟待提高。

（三）职业稳定阶段涉及企业文化要素的统计差异分析

职业稳定阶段 10 个要素的均值和标准差如表 7－14 所示。

表 7－14　职业稳定阶段要素描述统计表

分类	N	极小值	极大值	均值	标准差
薪酬福利	214	1	5	3.60	0.991
激励科学	214	1	5	3.48	0.968
工作认同	214	1	5	3.70	0.907
公平公正	214	1	5	3.78	0.865

续表

分类	N	极小值	极大值	均值	标准差
善于授权	214	1	5	3.56	0.937
长远规划	214	1	5	3.76	0.880
团结协作	214	1	5	3.46	0.932
价值认同	214	1	5	3.77	0.804
目标清晰	214	1	5	3.62	0.921
文化活动	214	1	5	3.48	0.908
有效的N（列表状态）	214	—	—	—	—

由表7－14可以看出，在该阶段，调查对象对所在中小制造企业文化要素普遍评价较高，这在一定程度上与该阶段知识员工在企业中处于鼎盛时期，较受企业重视，因此对各要素的满意度较高有关。在这些要素中，公平公正、价值认同、工作认同评价依然较高，均值都在3.70以上。同时，长远规划要素首次出现，评价也很高，达到3.76，表明天津市中小制造企业为保证持续快速发展，普遍有比较长远的规划，并得到广大处于职业稳定阶段的知识员工的认可。而在团结协作、激励科学、文化活动方面，得到的评价在所有评价中相对靠后，说明在构建企业和谐人际联系、完善激励制度、组织文化活动方面，天津市中小制造企业还有进一步提升的空间。

（四）职业衰退阶段涉及企业文化要素的统计差异分析

职业衰退阶段10个要素的均值和标准差如表7－15所示。

表7－15　职业衰退阶段要素描述统计表

分类	N	极小值	极大值	均值	标准差
薪酬福利	137	1	5	3.84	1.038
激励科学	137	1	5	3.64	1.096
工作认同	137	1	5	3.77	1.080
公平公正	137	1	5	3.69	1.026
团结协作	137	1	5	3.20	1.037

续表

分类	N	极小值	极大值	均值	标准差
培训科学	137	1	5	3.02	1.053
指导帮助	137	1	5	3.03	0.970
价值认同	137	1	5	3.25	1.027
文化活动	137	1	5	3.15	0.977
以身作则	137	1	5	3.06	0.976
有效的N（列表状态）	137	—	—	—	—

由表7－15可以看出，在该阶段，调查对象对所在中小制造企业文化要素评价较高的是薪酬福利、工作认同、公平公正、激励科学。由于该阶段知识员工在企业属于资深员工，天津市中小制造企业往往给予其较高待遇，使调查对象对薪酬福利要素的评价最高，均值达到了3.84，这也使他们对企业激励制度比较满意，导致激励科学要素评价也较高，均值达到了3.64。工作认同和公平公正则与前面已经出现过的阶段一样，依旧保持了高评价。调查对象对所在中小制造企业文化要素评价较低的是培训科学、指导帮助、以身作则。培训科学要素评价最低，均值只有3.02，指导帮助要素评价也很低，均值只有3.03，这与职业进入阶段这两项要素的评价是一致的，反映了天津市中小制造企业在这两方面的欠缺。同时，该阶段首次涉及的以身作则要素评价均值仅为3.06，则反映了天津市中小制造企业在领导素质方面还有进一步提升的空间。

（五）不同背景信息在知识员工成长共有要素上的统计差异分析

薪酬福利、激励科学、工作认同、公平公正作为知识员工成长共有要素，是知识员工在整个成长过程中最为关注的四项因素，需要进一步深入分析。我们按照调查对象在问卷中涉及的知识员工成长阶段、性别、学历、从事工作四项背景信息，分别统计了不同背景信息的人在每项要素上的均值，以便进行进一步比较。

表7－16为不同背景信息的人在薪酬福利要素上的均值。

表 7－16　不同背景信息的人在薪酬福利要素上的均值

样本特征	样本类别	样本数量	样本均值
知识员工成长阶段	职业进入阶段	253	3.08
	职业发展阶段	292	3.10
	职业稳定阶段	214	3.60
	职业衰退阶段	137	3.84
性别	男	572	3.34
	女	324	3.30
学历	大专及以下	142	3.46
	大本	531	3.31
	硕士及以上	223	3.29
从事工作	经营管理人员	204	3.32
	技术研发人员	336	3.37
	其他专业人员	356	3.29

从表 7－16 可以看出，知识员工在其成长的后期阶段对薪酬福利要素的评价明显高于前期阶段，体现了随着其工作技能和经验的提升，企业会明显提升给予他们的薪酬福利。男性知识员工与女性知识员工总体上对薪酬福利要素的评价较为接近，但男性略微高于女性，这从一个侧面反映了在天津市中小制造企业中，女性知识员工承担的工作角色、面临的发展机会逐渐接近男性，但男性还是占有一定优势，使与之相关的工作回报占优，这也与男性知识员工更追求工作的挑战性，女性知识员工更追求工作的稳定性有一定关系。学历方面，随着知识员工教育水平的逐渐提高，知识员工对薪酬福利要素的评价逐渐下降，反映出随着知识员工知识储备增加，他们的人力资本投入增大，要求在工作中获得与之相应的回报，对薪酬福利的要求也会变得越来越高，造成期望薪酬与实际薪酬的落差大，出现评价下降的情况。从事工作方面，技术研发人员对薪酬福利要素的评价最高，反映出天津市中小制造企业在追求企业快速发展的过程中，更关注企业的技术方面，使技术研发人员的工作回报要略好于经营管理人员和其他专业人员。但总体来说，三类人员对薪酬福利要素的评价差别不大。

表 7 – 17 为不同背景信息的人在激励科学要素上的均值。

表 7 – 17　不同背景信息的人在激励科学要素上的均值

样本特征	样本类别	样本数量	样本均值
知识员工成长阶段	职业进入阶段	253	3. 12
	职业发展阶段	292	3. 18
	职业稳定阶段	214	3. 48
	职业衰退阶段	137	3. 64
性别	男	572	3. 33
	女	324	3. 26
学历	大专及以下	142	3. 44
	大本	531	3. 30
	硕士及以上	223	3. 25
从事工作	经营管理人员	204	3. 28
	技术研发人员	336	3. 36
	其他专业人员	356	3. 27

从表 7 – 17 可以看出，知识员工在其成长的后期阶段对激励科学要素的评价明显高于前期阶段，体现了随着其工作技能和经验的提升，企业会明显提升其激励手段和强度。男性知识员工对激励科学要素的评价总体上高于女性知识员工，但相差不大，说明由于男性知识员工承担工作的挑战性更大、面临的发展机会更多，其从工作本身和外部回报上获得的心理满足感相对更强一些。学历方面，由于与薪酬福利要素类似的原因，导致高学历者对企业的激励安排提出了更高的要求，比低学历者相对更难满足，因此也出现了教育水平越高的知识员工对激励科学要素评价反而下降的情况。从事工作方面，同样体现出天津市中小制造企业重技术的趋势，技术研发人员对激励科学要素的评价稍高于经营管理人员和其他专业人员。

表 7 – 18 为不同背景信息的人在工作认同要素上的均值。

表 7－18　不同背景信息的人在工作认同要素上的均值

样本特征	样本类别	样本数量	样本均值
知识员工成长阶段	职业进入阶段	253	3.28
	职业发展阶段	292	3.34
	职业稳定阶段	214	3.70
	职业衰退阶段	137	3.77
性别	男	572	3.54
	女	324	3.37
学历	大专及以下	142	3.38
	大本	531	3.44
	硕士及以上	223	3.61
从事工作	经营管理人员	204	3.41
	技术研发人员	336	3.54
	其他专业人员	356	3.45

从表 7－18 可以看出，知识员工在其成长的后期阶段对工作认同要素的评价明显高于前期阶段，这与他们在成长后期在企业承担更重要的工作责任，工作业绩对企业贡献更大，因而更被认同有关。男性知识员工对工作认同要素的评价明显高于女性知识员工，说明男性员工从承担更大的工作责任、从事更富有挑战性的工作中能获得更多的精神回报，别人对他们工作业绩的认可是对他们最好的鼓励。学历方面出现了与前两项要素截然相反的趋势，高学历者对工作认同要素的评价明显高于低学历者，说明高学历者更关注别人对其工作效果的认可程度，从中他们可以体会到别人对自己的重视和赞赏，获得自我实现的成就感。从事工作方面，三类人员对工作认同要素的评价均较高且相差不大，技术研发人员同样略高，说明天津市中小制造企业各类知识员工所从事的带有较高知识含量的工种，相对普通工种来说，工作业绩更容易得到其他人的认同，其中技术研发类工种认同程度最高。

表 7－19 为不同背景信息的人在公平公正要素上的均值。

表 7-19　不同背景信息的人在公平公正要素上的均值

样本特征	样本类别	样本数量	样本均值
知识员工成长阶段	职业进入阶段	253	3.66
	职业发展阶段	292	3.63
	职业稳定阶段	214	3.78
	职业衰退阶段	137	3.69
性别	男	572	3.72
	女	324	3.61
学历	大专及以下	142	3.75
	大本	531	3.67
	硕士及以上	223	3.66
从事工作	经营管理人员	204	3.73
	技术研发人员	336	3.68
	其他专业人员	356	3.66

从表 7-19 可以看出，知识员工成长各阶段虽然对公平公正要素的评价出现了小幅波动，但各阶段评价均较高，显示出天津市中小制造企业在为知识员工创造公平公正的工作氛围上取得了较好效果。男性知识员工对公平公正要素的评价高于女性知识员工，说明天津市中小制造企业男性知识员工通过对工作发展机会、所获得回报的综合评价，对企业公平公正氛围的感受更强一些，但这也并不意味女性知识员工认为企业不公平，因为女性知识员工对此要素的评价也很高。不同学历者对此要素的评价均较高，低学历者对此要素的评价相对高于高学历者。这说明各种学历的知识员工普遍对天津市中小制造企业公平公正的企业氛围有较好的印象，低学历者印象最好，认为虽然他们学历低，但企业同样为他们施展自己的才能搭建了公平竞争的平台。工作性质不同的知识员工对此要素的评价也较高，其中以经营管理人员为最，体现了天津市中小制造企业为从事各种不同工作的知识员工都创造了公平公正的竞争氛围，经营管理人员作为企业良性工作氛围的倡导者和政策制定者，对该氛围的正面印象最好。

第四节　知识员工成长各阶段天津市中小制造企业文化构建策略

一、职业进入阶段企业文化构建策略

依据调研数据因子分析的结果，我们发现知识员工职业进入阶段，天津市中小制造企业可以从个体发展、组织氛围、个体认可、工作适应四方面进行企业文化建设，促进该阶段知识员工的成长。

（一）个体发展方面的企业文化构建策略

1. 动态转换与双向发展的晋升制度。通过前面的分析我们发现，天津市中小制造企业新入职知识员工对企业晋升机制普遍评价不高，在相当一部分企业存在晋升通路单一、晋升时间慢的现象。对于处于职业探索期的知识员工来说，他们从中看不到职业晋升的希望，很可能离开企业另投他处，不利于实力本就弱于大企业的中小制造企业进行人才储备。

因此，天津市中小制造企业可以实施动态转换与双向发展的晋升制度。动态转换是指可以把新入职的知识员工分为试用员工、普通员工、优秀员工、标兵员工等一系列逐级上升的类别，按照事先设定的科学标准进行考核，合格者可以逐级上转，不合格者也可以逐级下转，每个级别与相应的待遇挂钩。这种制度里，上述类别并不是某种专业职级的分类，而是某种与员工表现对应的分类，可以有效地解决知识员工在正式晋升中面临的上级职位有限，需要长时间等待而引起的动力不足问题。同时，动态的级别转换也给新入职的知识员工以压力，促使他们积极上进，争取尽快融入组织之中。

双向发展，是指在知识员工入职时就可以给他们指明今后在单位中发展的两条道路：一是专业晋升道路，类似于从新雇员变为指导教师、组长，再到某产品系列中某个功能领域经理，最终到跨产品单位的高级经理，这种通路沿着专业领域向纵深化发展；二是管理晋升道路，类似于从新雇员变为部门主管、部门经理、区域经理、副总经理，直到总经理，这种通路沿着管理领域向综合化发展。双通道制度给不同职业兴趣的员工自主选择职业发展方向的机会，对处于职业探索期的知识员工是一个有效的激励。

2. 兼顾企业发展与员工发展的培训制度。在调研中，天津市中小制造企业在培训方面的欠缺是新入职知识员工感到最不满的地方。很多企业几乎不搞培训，即使有培训内容也非常单调，无非是给员工介绍企业发展历程和企业文化理念，以及进行必要的工作技能培训，这种培训虽然对企业发展来说是必要的，但对员工发展来说却并不能满足新入职知识员工多方面的需要。

因此，从构建具有人文关怀精神的企业文化角度入手，在上述提到的培训内容之外，应该增加一些考虑新员工身心要求和职业发展要求的培训内容，前者如新员工时间管理培训、新员工职业压力疏解培训等，后者则结合新员工对自己未来职业发展的不同规划，分别给予有针对性的个性化培训，涉及相应的与未来职业发展方向有关的一系列培训内容。

在培训的形式上，如果传统的课堂授课方式效果不佳，企业也可以把培训的课程挂在网上，发挥知识员工自学能力相对较强的优势，倡导员工进行自主学习。同时，为避免在此情况下知识员工出现懈怠的现象，可以建立培训效果跟踪反馈制度，将员工培训效果的实现情况与员工的月度考核结合在一起，并作为奖励升迁的依据。

3. 发挥新员工主动性的团队创意活动。天津市中小制造企业还可以围绕企业经营实际中遇到的问题，在员工中开展为企业出谋划策的团队创意活动。鼓励员工组成小范围团队，就该问题进行全方位的交流探讨，并采取个别谈心等方式，激发新入职知识员工主动加入团队，甚至担任该团队的领导。然后在规定的时间，各团队提交策划方案，由相关人员对方案进行评价，对好的策划方案团队相关人员进行表彰。这种活动对新入职知识员工来说，既有助于其进一步了解企业，还可以加强新员工与组织其他成员的合作精神，同时产生的好想法对企业来说也能有效地促进企业发展，提升企业形象，从而为新入职知识员工在企业的未来发展提供更坚实的发展平台。

（二）组织氛围方面的企业文化构建策略

1. 办好企业文化内刊。调查显示，天津市中小制造企业知识员工对组织氛围方面的总体评价较好。该因子中涉及的公平公正、价值认同均属于企业文化的精神层面，要使新入职的知识员工持续认可这些，光靠入职培训、口号标语、企业歌曲等形式是不够的，必须有一种系统能够深入地传播企业文化的理念，这就是企业文化内刊。企业文化内刊在企业内定期出版，在内容上应该注意避免单纯的口号宣传，而是要把能够触动员工灵魂深处而又与组织氛围息息相关的典型事例报道出来，让员工在深入思考之余自觉地接受企业精神与价值观。

2. 设立企业文化兼职宣传员。企业可以选择一些集中体现企业精神与价值观的模范员工作为企业文化兼职宣传员，并举行公开的仪式授予聘书。企业文化兼职宣传员负责在员工中传播企业文化理念，搜集员工有关企业文化的疑问并充当企业高层与员工间联系的桥梁。他们可以通过设立专门信箱或者创建个人网站的形式与组织内其他员工进行交流，这就使企业文化传播有了移动载体，对于组织新入职知识员工来说，可以借助其更深入地了解企业文化，以便更快地融入组织氛围之中。

（三）个体认可方面的企业文化构建策略

1. 适应新入职知识员工特点的薪酬福利体系。新入职知识员工由于经济刚刚独立，面临的经济压力较大，对薪酬福利的需求非常迫切。但由于他们将知识应用于实际工作的能力还存在不足，加之天津市中小制造企业财力有限，不可能给予他们与企业骨干员工相当的薪酬待遇，导致很多人对薪酬福利方面不满，这点在调研结果中有明显反映。薪酬福利水平与结构作为企业物质文化，是企业人文关怀精神的外显，因此天津市中小制造企业在薪酬福利安排上，应充分考虑新入职知识员工的特点进行安排。

新入职知识员工感到生活不稳定，在企业所能给予他们工资水平有限的情况下，对于薪酬结构的安排，应适当加大固定工资的比例，满足他们基本的生活保障。同时，应重视福利对新入职知识员工的激励作用，除国家规定的法定福利项目外，企业可根据自身实际情况针对不同群体增设一些特色福利项目，让员工自行选择，如有的企业对男性员工提供健身场所入场券，对女性员工则允许其在每月特殊生理期带薪休假半天等，虽然支出不大，但却可以显著增加新入职知识员工满意度。尤其在前面分析中发现男女知识员工对薪酬福利要素满意度不一致的情况下，分类实施福利对新员工可以产生极大的激励作用。

2. 各种形式的工作认可方式。新入职的知识员工虽然职业经验欠缺，但也希望以自己的工作表现获得组织其他人的认可，尽快在工作中崭露头角。职场新员工如果得不到工作认可，很容易感觉受到职场排斥，而职场排斥会显著负向而影响员工敬业度。因此，天津市中小制造企业可以利用各种机会表现对该阶段的知识员工的认可：可以是公开召开表彰会表彰其中的先进员工；可以是部门常规例会的时候请他们与同事分享自己关于工作的想法；可以是尝试性地安排他们做一些难度较高的工作；甚至是领导见面时说几句表达对其赞赏的话语，这些都可以使该阶段的知识员工感觉企业对他们的重视，从而促进其尽快成长。

（四）工作适应方面的企业文化构建策略

1. 全方位的新入职知识员工激励体系。该体系是针对新入职知识员工进行各种文化构建策略的综合体现。这些策略从晋升、培训、薪酬福利、组织氛围、工作认同等各方面都能对该阶段知识员工产生激励作用。我们在因子分析中发现激励科学这个要素在多个因子上载荷相差不大，说明要实现对该阶段知识员工的激励，需要各种策略的综合运用。

2. 企业导师制与周例会制。对于该阶段的知识员工，天津市中小制造企业可以仿效一些大企业的做法，为他们安排专门的企业导师，在日常工作中引导他们熟悉企业制度和工作流程，同时为他们在组织的未来发展提供建设性的意见。同时，企业要在各部门中将周例会制固定下来，形成一种工作制度，为该阶段的知识员工答疑解惑，这样可以有效地帮助该阶段的知识员工尽快成长起来。

二、职业发展阶段企业文化构建策略

依据调研数据因子分析的结果，我们发现知识员工职业发展阶段，天津市中小制造企业可以从工作成就、工作责任、个体独立、组织公正四方面进行企业文化建设，促进该阶段知识员工的成长。其中促进组织公正的企业文化构建策略与上面组织氛围方面的企业文化构建策略相同，因为组织公正本来就包含在上面的组织氛围因子中，在此不再单独论述。下面主要从前三方面进行论述。

（一）工作成就方面的企业文化构建策略

1. 项目参与制。是让职业发展阶段的知识员工体验工作成就的良好手段。这种方式就是在企业进行项目攻关或课题研究时，有意识组织资历尚浅的员工加入其中。对天津市中小制造企业来说，这种制度既可以有效地发掘企业规模有限的人才队伍的潜力，促进企业持续快速发展，又可以对职业发展阶段的知识员工形成良好的激励导向作用，让员工明白企业对他们的重视与认同。更重要的是，他们将在参加项目的过程中不断学到新知识，掌握新技能，并对自己在单位的发展前景感到充分的自信，这将对他们产生巨大的鼓舞作用。

2. 轮岗锻炼计划。针对此阶段知识员工关注职业上升空间，职业发展意愿强烈的特点，中小制造企业可以有意识地将他们安排到不同岗位进行锻炼。比如，让企业的技术人员参与相关产品的市场营销工作，虽然营销并不是技术人员的本行，但让他们跨岗锻炼，却可以有效地培养技术人员在产品设计研发时的市场意识，以市场为导向为其技术工作注入灵感，提高其技术创新的效率。同时。轮岗锻炼也是国际化企业普遍采取的一种知识员工培养方式，天津市中小制造企业借鉴这种方式，可以为企业培养一批有潜力的复合型人才，知识员工也会把这种方式看作完善的职业晋升安排的一部分，从中感觉到企业管理日趋规范，以及企业对他们抱有的殷切期望，这将为他们在企业的快速成长中增添强大动力。

（二）工作责任方面的企业文化构建策略

1. 挑战性的工作。此阶段知识员工责任意识增强，喜欢承担富有挑战性的工作。天津市中小制造企业可以满足他们的这一特点，在企业文化的日常宣传中鼓励员工开拓进取，追求卓越。与此相关的制度安排，将员工的目标管理作为企业常规制度予以保留。为员工设定一系列逐渐提高的工作目标，这些目标经过自己的努力才能完成，而且难度也越来越大。通过此举充分强化员工的责任意识，使他们对工作的主动性和积极性得到充分发挥，以满足他们成长的需要。

2. 基于科学业绩考核的薪酬福利制度。此阶段知识员工在职业安全感增强以后，会对薪酬福利有更高的要求。调研中发现此阶段知识员工对薪酬福利要素的评价也不高，说明企业在此方面还需进一步完善相关制度。建议天津市科技中小型企业对此阶段的知识员工加大工资中奖金所占比例，奖金的取得与员工履行工作责任、完成业绩情况相挂钩，并按不同的工作性质设定不同的业绩考核方案，实现规范考核，对应奖励。这一制度对不同学历、不同工作性质的员工都有激励作用，如研究生学历的员工只要业绩好，所得奖金就是可以超过其他人，这会增加他们对企业薪酬福利制度的满意程度。同时，企业还可以针对业绩好的员工单独设定福利，例如定期组织在年度业绩综合考核中占优的人进行集体旅游等。此举与前面的工资制度一起，都将对职业发展阶段的知识员工产生有效的激励作用。

（三）个体独立方面的企业文化构建策略

1. 团队自主管理制度。调研中知识员工对该方面的善于授权、决策民主两个要素评价最低，显示出天津市中小制造企业在增加员工个体独立性方面还有很多工作要做。职业发展阶段，知识员工的自我独立意识大大增强，不喜欢在别人的命令下机械工作，而喜欢在工作中自我管理、自我监督。与这一特点相适应，天津市中小制造企业可以在员工中实行团队自主管理制度，让员工依据所在部门组成团队，合理制订各团队的任务指标和业绩考核标准，以及不同团队间的协作机制。至于团队完成任务的具体过程，企业不需过多地干涉，以实现员工的自我监督、自我管理。在此情况下，团队成员的业绩完成情况关系整个团队的利益，所以也会促进团队成员间主动沟通、互帮互学的气氛，对组织形成良性的工作氛围很有好处。

2. 团队领导轮值制度。在实行团队自主管理的基础上，天津市中小制造企业还可以进一步在团队中实行团队领导轮值制度。这种制度就是实行部门领导与团队领导的分离：部门领导属于常设职务，可能在一定时间内保持稳定，由一个人担任；团队领导则属于非固定角色，可以在一个相对较短的时间进行轮换。例如，在团队承担不同任务的时候，选择不同的人担任团队领导。这种制度可以让处于职业发展阶段的年轻知识员工也有机会成为团队领导，让他们对团队事物有较大的发言权，同时也会锻炼他们的自主决策意识，并使他们养成统筹考虑、综合权衡的大局观，这对其成长的积极意义不言而喻。

三、职业稳定阶段企业文化构建策略

依据调研数据因子分析的结果，我们发现知识员工职业稳定阶段，天津市中小制造企业可以从人际联系、组织氛围、个体尊严三方面进行企业文化建设，促进该阶段知识员工的成长。

（一）人际联系方面的企业文化构建策略

1. 荣誉表彰集会制度。在调研中，该阶段的知识员工对人际联系因子包含的要素评价相对靠后，说明职业稳定阶段，知识员工已经产生新的需求，随着他们在单位功成名就，他们更关心在组织内部的人际联系，而且此阶段知识员工有很多都成为企业中的高层领导，他们也希望在一个人际关系和谐的组织中工作，为整个单位创造一个良性沟通的氛围。

因此，天津市中小制造企业可以建立定期的荣誉表彰集会制度，为做出突出业绩的员工进行宣传和表彰。在表彰活动中，这些员工可以现身说法，列举出他们的典型事例在全体员工中分享，甚至还可以在会上播放一些有关这些员工日常工作和生活的宣传片。通过这种形式，让企业所有员工直观地感受企业文化，从榜样人物的身上发现自己的不足和努力的方向，加强企业员工的凝聚力和集体荣誉感，增强与其他员工的人际联系，从中获得极大鼓舞。

2. 丰富多彩的业余文化活动。天津市中小制造企业应根据企业的实际状况，搞一些能够有效提升组织凝聚力的业余文化活动，如集体健身活动、集体近郊旅游、集体文化会演等。这些活动不但可以有效地增强员工的参与意识，使员工感受到组织的人文关怀。还可以使他们融入普通员工之中，缩短与普通员工的心理距离，为其创造更为和谐的人际联系，加深共同认识，培养协作精神。

（二）组织氛围方面的企业文化构建策略

根据因子分析的结果，该阶段因子中比职业进入阶段新增了长远规划的要素。该要素反映企业对未来的战略设想、使命愿景，属于企业文化中深层次的精神层面。因此，对于组织氛围方面，除继续实行原企业文化构建策略，还可以建立员工代表联络制。该制度主要是将企业对未来的设想与规划定期进行汇总，并向员工代表传达，使他们及时掌握企业的最新战略意图和发展方向。同时，由员工代表向其他员工传达，使其他员工明确企业的规划方向。这种制度不同于直接召开企业员工大会，传达企业战略，这种制度能够使企业所思所想在一个较长的持续时间逐层在员工中传播，对员工产生的心理影响比较大，而且员工代表往往是处于职业发展稳定阶段的知识员工，他们在联络制中要负责接收、理解并传递企业深层文化思想，能够加深他们对企业长远发展的认识，有效地满足该阶段的心理需求。

（三）个体尊严方面的企业文化构建策略

1. 项目负责制度。对处于职业稳定阶段的知识员工，天津市中小制造企业可以在他们中间大力推行项目负责制度。该阶段的员工既具有出色的工作能力，又具有领导团队开展工作，并获得组织认可和尊重的心理意愿。因此，企业可以重用，让他们承担重要项目与任务，并赋予他们更大的决策权、资源调配权、团队管理权。此举会让知识员工体会到企业对他们的充分信任，以及对他们工作能力的充分肯定，激励该阶段的知识员工保持出色的工作状态，取得更大的工作成就。尤其对于学历更高的知识员工来说，因为他们更重视组织对他们的认同感，获得的激励作用也就更大。

2. 综合年薪制度。职业稳定阶段的知识员工同样关注自身薪酬福利待遇，并认为获得与其工作业绩相匹配的薪酬福利是对自身尊严的充分体现。因为该阶段的知识员工数量有限，即便天津市中小制造企业财务支付能力与大企业无法相比，但也可以对这些员工采取激励程度较高的综合年薪制度。所谓综合年薪制度，是将年薪分为基本年薪、绩效年薪和延期支付年薪等三部分，其中基本年薪数额固定，主要目的是保障这些员工的基本收入；绩效年薪根据其综合业绩表现发放，全面考察员工的个人绩效、所带领团队的绩效来确定，对他们能起到较大激励作用；延期支付年薪，主要是为了体现企业与员工的共同发展，并使他们在工作中能自觉从企业长远目标出发思考问题，避免短期行为的出现。综合年薪制度可以有效提高职业稳定阶段知识员工的满意度，激发他们的工作自豪感，适于在企业不同工作性质的骨干员工中推行。

四、职业衰退阶段企业文化构建策略

依据调研数据因子分析的结果，我们发现知识员工职业衰退阶段，天津市中小制造企业可以从带动他人、个体尊严、未来保障三方面进行企业文化建设，促进该阶段知识员工的成长。

（一）带动他人方面的企业文化构建策略

1. 企业顾问制度。对于处于职业衰退阶段的知识员工，虽然他们的工作能力开始下降，其关键岗位也可能被企业的后起之秀所取代，但他们有着丰富的工作经验。因此，天津市中小制造企业必须要继续发挥这些员工的优势，一个有效的方式就是举行正式的仪式，聘请这些员工担任企业顾问。使其充分发挥他们的经验优势，为企业的发展出谋划策，也可以有效地在企业各部门间充当联络人的角色，促进部门间的协调合作，还可以让他们负责谋划企业各项文化活动，以此活跃组织气氛，增强组织凝聚力，增强员工对组织价值观的认同感。

2. 后辈培养活动。天津市中小制造企业可以安排处于职业衰退阶段的知识员工作为单位年轻人的导师，从各方面对后辈进行指导。他们既可以对年轻人的工作能力进行点拨，也可以用自己的经历启发年轻人，引导他们自觉地理解和接受企业的价值观，树立正确的职业心态，通过他们言传身教成为企业年轻人的榜样。这样的活动对于企业形成良好的工作氛围也能起到积极的作用，榜样人物的出现不仅对单位年轻人是一个示范的对象，对企业领导来说也能起到很好的提示作用，促进他们在工作中以身作则，提高领导素养。因此，后辈培养活动对于调研中反映出的指导帮助要素和以身作则要素评价较低的问题，是一个有效的解决途径。

（二）个体尊严方面的企业文化构建策略

1. 授予员工荣誉称号。该阶段的知识员工对组织是否继续尊重认同他们极其敏感，他们希望长期以来为组织做出的贡献能够被组织记住并被重视。有鉴于此，天津市中小制造企业可以采取授予他们荣誉称号的方式，如授予他们企业终身贡献奖、将他们带领过的团队以其名字命名、将他们负责过的关键技术或产品以其名字命名、将企业中的某条道路或某个实验室以其名字命名，等等。这些称号会作为企业发展中的历史而沉淀下来，并为企业后来者所了解和铭记，因此虽然看起来不涉及任何物质激励，但对该阶段的知识员工的激励作用却是巨大的，能够使他们感受到组织对他们工作的认可和公正对待的态度，激发他们为组织发挥余热的决心。

2. 给予员工必要的生活关怀。对于该阶段的知识员工，天津市中小制造企业还可以组织一些生活关怀活动，例如在重要的节假日的慰问、定期安排他们进行健康体检、定期安排他们进行旅游度假等，从而让这些员工了解到组织对他们全方位的关心，获得更强的情感激励。

（三）未来保障方面的企业文化构建策略

1. 补充福利安排。该阶段的知识员工普遍担心未来的生活经济保障问题，因此，在薪酬福利方面，除正常的安排外，建议天津市中小制造企业适当给予他们一定的补充福利安排，如实行补充养老保险、补充医疗保险、大病员工互助计划等，让他们免除过大的思想负担，在未离开组织之前专心于本职工作。

2. 适合职业衰退阶段知识员工心理需求的培训安排。在调研中，该阶段知识员工对培训科学要素的评价很低，说明天津市中小制造企业在此方面需要进一步加强。企业可以为他们安排一些适应该阶段知识员工心理需求的培训，如离职后的心态调适培训、退休后有关的业余文化活动知识讲解、职业新知识和新技能培训等，以满足他们离开单位后调整心态、乐观生活以至拥有新能力、焕发职业第二春的不同需要，为他们的职业生涯画上一个圆满的休止符。

第八章

天津市中小制造企业转型升级衡量标准与路径分析

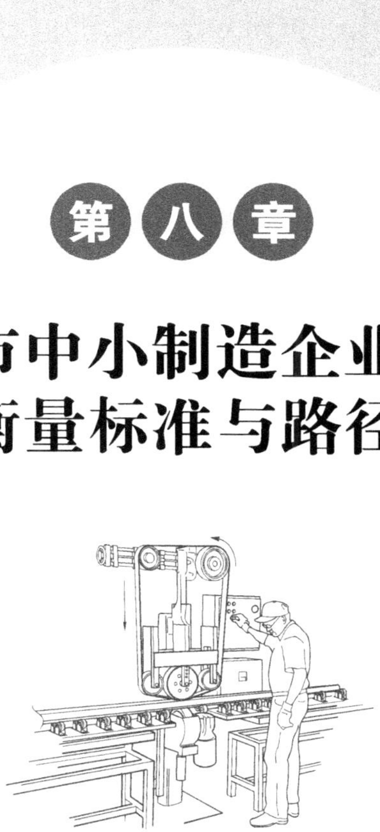

第一节　天津市中小制造企业转型升级衡量标准

在中小制造企业转型升级过程中，既涉及企业创造价值的价值链活动，同时又处于政府、行业、企业综合作用的大环境作用下，下面首先从产业价值链角度和市场宏观和微观主体衔接角度提出天津市中小制造企业转型升级衡量标准。

一、基于产业价值链要素角度的转型升级衡量标准

在制造企业创造价值的过程中，从价值链角度来说，必然涉及以下环节：如何获取企业生产原材料；通过企业生产制造过程把企业生产原材料转化为产品；把产品销售给下游企业及客户。如果我们把三个环节称为企业内部创造价值的后端、中端、前端的话，我们可以从内部后端、内部中端、内部前端分别把握企业转型升级衡量标准。

（一）内部后端衡量标准

该角度主要衡量企业在生产原材料供应方面转型升级的效果，在天津市中小制造企业转型升级影响因素中，与上游企业联盟关系有紧密的联系。我们可以从如下方面进行考量：与企业有稳定供应关系的上游企业数量及增长趋势；企业现有供应渠道数量及增长趋势；企业原材料供应效率提高情况；企业原材料成本降低情况等；企业原材料供应质量及品种满足需求情况等。

（二）内部中端衡量标准

该角度主要衡量企业在生产制造方面转型升级的效果，与天津市中小制造企业转型升级影响因素中的多个因素关系密切，如企业原始创新能力、企业集成创新能力、企业消化吸收再创新能力、同行业企业联盟关系、企业高管综合能力、企业文化氛围、企业管理制度方法、资源投入等。我们可以从如下方面进行考量：企业具有自主知识产权的产品数量及增长趋势；与企业联合进行产

品研发生产的企业数量及增长趋势；企业各级员工满意度调查情况；企业采用各种先进管理制度方法的数量及增长趋势；企业各类资源数量及增长趋势；企业生产效率和产品质量提高情况；企业生产制造成本降低情况；企业产品更新换代情况；企业产品技术含量和功能提高情况；企业产品跨行业升级情况等。

（三）内部后端衡量标准

该角度主要衡量企业在产品销售方面转型升级的效果，与天津市中小制造企业转型升级影响因素中的与下游企业联盟关系、企业对客户综合服务能力有紧密的联系。我们可以从如下方面进行考量：与企业有稳定销售渠道关系的下游企业数量及增长趋势；企业现有销售渠道数量及增长趋势；企业客户满意度调查情况；企业产品销售效率提高情况；企业销售成本降低情况；企业产品单价提高情况；企业产品市场占有率提高情况等。

二、基于市场宏观和微观主体衔接角度的转型升级衡量标准

政府、行业、企业自身构成企业转型升级的宏观、中观、微观环境，因此我们可以从这三个角度分别把握企业转型升级衡量标准。

（一）政府角度衡量标准

需要说明，在中小制造企业转型升级过程中，政府主要是通过制定各种导向性扶持政策发挥对中小制造企业转型升级的促进作用，但企业才是转型升级的主体，因此政府制定的各种扶持政策本身并不构成任何转型升级路径。我们从政府角度提出中小制造企业转型升级衡量标准，主要还是为了度量政府制定的扶持政策在促进中小制造企业转型升级方面发挥的实际效果。该角度与天津市中小制造企业转型升级影响因素中的政府政策；资源投入有紧密的联系。我们可以从如下方面进行考量：政府制定的政策具体落实情况；政府计划的资源投入到位情况；政府制定的政策目标完成情况等。

（二）行业角度衡量标准

作为同类企业的集合，企业的上游企业、企业与同类企业、企业的下游

企业都可以构成与企业经营密切相关的行业。上面提到的企业价值链中企业与上下游企业建立的稳定联系，实际上属于相关行业中企业的集聚现象。我们从行业角度提出中小制造企业转型升级衡量标准，也是为了度量行业在中小制造企业转型升级方面发挥的引导集聚作用。该角度与天津市中小制造企业转型升级影响因素中的与上游企业联盟关系；同行业企业联盟关系；与下游企业联盟关系等有紧密的联系。我们可以从如下方面进行考量：同行业联盟中包含的企业数量及增长趋势；相关行业联盟中包含的企业数量及增长趋势；代表产业发展方向的高端产业和战略新兴产业中包含的企业数量及增长趋势；行业联盟中企业合作的广度和深度情况；行业合作载体如产业园区；合作平台建设情况等。

（三）企业自身角度衡量标准

由于企业本身就是转型升级的主体，因此该角度与天津市中小制造企业转型升级影响因素中的各种因素都有紧密的联系。前面从产业价值链要素角度提出转型升级衡量标准，也都可以作为企业自身角度的衡量标准。我们从企业自身角度提出中小制造企业转型升级衡量标准，是想提示企业在转型升级过程中，要随时注意依据企业自身情况选择合适的转型升级做法。从自身角度而言，企业转型升级的衡量标准内容较广，除了前面提到的各项标准之外，还可以包括：企业经济效益指标，如资产与负债情况、实现利税情况、主营业务收入等；企业能耗指标，如单位产值能耗情况、各项污染物排放量等。这些标准代表了企业转型升级后的综合效果，也可以用来衡量企业转型升级的实际成效。

第二节　天津市中小制造企业转型升级具体路径

一、天津市中小制造企业转型升级的总体思路

天津市中小制造企业转型升级是在国家供给侧改革的大背景下进行的。在中央财经领导小组第十一次会议上首次提出的供给侧改革的本质含义，是

用改革的办法推进结构调整，减少无效和低端供给，扩大有效和中高端供给，增强供给结构对需求变化的适应性和灵活性，提高全要素生产率，使供给体系更好地适应需求结构变化。

供给侧改革提出的背景是与我国经济面临的三大困难分不开的：一是产能过剩，总供给长期不正常地超过总需求，造成资源浪费，经济增长面临更大的下调压力；二是很严峻的楼市库存压力，一边是多地房价持续攀升，另一边却是大批住房空置，空置的住房可供 2.2 亿人居住；三是相当一部分企业经营成本高昂，财务杠杆过高，面临极大的金融风险，也使企业产品缺乏真正的市场竞争力。

对于上述困难，习近平总书记给出了供给侧改革的四个关键点：一是化解过剩产能，淘汰僵尸企业，加大产业重组；二是帮助企业降低成本，通过减税等政策性改革，减少企业不必要的制度性成本，使企业有更多资金创新和提高劳动生产率；三是化解房地产库存，减轻楼市库存压力；四是防范化解金融风险，形成良好的股票市场，促进经济稳定发展。围绕这四个关键点，中央经济工作会议强调抓好“三去一降一补”五大任务，构成了当今供给侧改革的五大任务，即去产能——处置僵尸企业、去库存——化解房地产库存、去杠杆——防控金融风险、降成本——降低企业成本、补短板——补充供给短板。

上述五大任务的中心，就是实现供给体系与需求结构的有效对接。前文提出的产业价值链角度和市场宏微观主体衔接角度的天津市中小制造企业转型升级衡量标准，前者提示我们可以从内部后端、内部中端、内部前端的全价值链角度思考如何将企业产能转化为有效产能，在此过程中提高企业效率，降低企业杠杆率和多余成本，实现对需求的有效供给；后者提示我们可以从企业外部环境入手，在发挥政府政策性导向作用的前提下，通过合理调整行业布局，建立产业联盟等方式，实现对需求的有效供给。因此，我们可以从内部后端、内部中端、内部前端、外部等方面进行总体思考，提出天津市中小制造企业转型升级总体思路。

1. 内部后端方面，可以围绕供应链一体化进行思考。致力于建立电商背景下的自有供应渠道或形成与供应链节点企业的稳定供应联系。

2. 内部中端方面，可以围绕一体二技三管理进行思考。“体”是指企业体制转变，如企业经营基础理念、经营方式、分配模式转变等；“技”是指企业技术改造，包括技术工艺改造、产品与功能升级、自主品牌打造等；“管理”是指企业管理提升，包括精益生产、信息化管理、专业团队管理、企业内部管理制度建设等。

3. 内部前端方面，可以围绕“双O”进行思考。一是“ONLINE”，是指开拓互联网商业渠道，通过移动互联、社交平台整合企业前端销售渠道；二是“OVERALL”，是指向客户提供综合解决方案，由卖产品向卖服务转变，由局部服务向全程服务转变，由无差别服务向细节化个性化服务转变。

4. 外部方面，可以围绕一转二开三联合进行思考。“转”是指转变经营行业领域，如在保持原有行业的前提下进入新行业，或逐步退出原行业进入新行业；“开”是指在经营行业领域开发新市场，如在本行业中向上下游产业延伸，向现有客户群的关联客户群延伸；“联合”是指与外部资源进行整合，如产学研一体化，企业战略联盟，企业兼并重组。

二、天津市中小制造企业转型升级的不同路径

根据天津市中小制造企业转型升级总体思路，结合天津市中小制造企业转型升级中的已有经验，我们总结出如下的天津市中小制造企业转型升级路径。

（一）改造提升

通过对中小制造企业实施技术改造，提升其技术水平，促进企业降低单位产值能耗，优化产品结构，提高企业全要素生产率，使企业从物质要素投入为主向创新驱动为主转变。在具体实施中，可以对制造企业中存在改造提升空间的单位，持续进行技术升级，政府政策也要鼓励企业加大技改投入，加快工艺、装备、技术更新换代。

（二）两化融合

通过对中小制造企业实施两化融合，深入推进中小制造企业信息化进程，促进中小制造企业生产过程及时响应市场信息，全面提高企业生产全过程的

自动化和智能化水平。在具体实施中，企业可以在研发设计、生产制造、市场营销、仓储物流、运营管理等环节应用大数据、云计算、物联网等技术，创新生产营销方式，提高效率。同时，可以完善企业信息基础建设，促进数字化研发设计工具、关键工序数控化制造装备在企业的应用。

（三）智能制造

通过在中小制造企业推行智能制造，重点发展智能装备和智能产品，推进生产过程智能化，培育新型生产方式，全面提升企业研发、生产、管理和服务的智能化水平。在具体实施中，可以通过对企业生产经营全环节的大数据分析，加强企业制造与用户需求的有序衔接，发展个性化定制、云制造等新型制造模式，促进制造企业向柔性、智能、数字生产转变。加快发展智能制造装备和产品，组织研发具有深度感知、智慧决策、自动执行功能的高档数控机床、工业机器人等智能制造装备以及智能化生产线。推进制造过程智能化，建设智能工厂或数字化车间，加快人机智能交互、工业机器人、智能物流管理等技术和装备在生产过程中的应用，促进制造工艺的仿真优化、数字化控制、状态信息实时监测和自适应控制。

（四）管理提升

通过对中小制造企业实施管理提升，促进中小制造企业管理手段的规范完善，带动管理效率和管理水平的全方位提高，实现降本增效的目的。在具体实施中，将充分引入现代企业管理方法，对企业研发、采购、生产、库存、运输的全过程进行全面管理，实现精益管理、ERP 管理、全面质量管理、现场管理的有机融合，充分利用现代管理手段降低企业运营成本。中小制造企业可以积极进行管理创新，在企业内推广最新的管理创新成果，学习和借鉴国内外先进管理经验，以全面提升自身管理水平。

（五）制度完善

通过完善中小制造企业管理制度，在企业中贯彻现代经营理念，提升企业运营质量。在具体实施中，企业可以采取重组、股份制改造等方式建立现代企业制度，完善企业各项制度，如产权制度、治理结构、激励分配机制等。灵活调整企业组织结构，以适应现代社会对企业发展的最新要求。构建积极向上的企业文化，增强企业内在活力和创造力，并对优秀员工事迹进行宣传报道，在中小制造企业中营造良好的企业文化氛围。

（六）高端人才

通过实施中小制造企业高端人才引进培育计划，为企业降本增效提供足够的人员储备，实现企业依托高端人才的跨越式发展。在具体实施中，可以通过中小制造企业经营管理领军人才培训、订单培养等方式为中小制造企业储备高端人才。利用线下线上多种手段，组织开展各类专业知识和技能培训。搭建人才交流平台，强化高端人才引进工作。

（七）专精特新

有条件的中小制造企业应继续坚持走专业化、精细化、特色化、新颖化方向的发展路线，形成企业在产业链特定环节、特定细分市场、特定工艺技术配方、自主知识产权方面的优势，以获取企业竞争优势。在具体实施中，中小制造企业可以针对特定细分市场，开发专项技术或生产工艺，使其产品和服务在产业链某个环节中处于优势地位。企业可以在生产、管理和服务方面实现精细化，以物美价廉的产品和服务在细分市场中获取先机。企业也可以针对不同的客户，采用独特的技术工艺进行生产，形成具有独特性并有较强影响力和知名度的特色产品和服务。企业还可以通过持续创新，拥有自主知识产权，以新产品、新服务满足客户需求，通过技术、工艺、管理、服务的新颖化形成核心竞争力。

（八）高端产业与战略新兴产业

中小制造企业可以向高端产业与战略新兴产业转移，抢占战略制高点，全市也可以通过转移优化产业布局，实现中小制造企业产业结构的良性发展。在具体实施中，中小制造企业可根据自身条件优先进入高端装备制造、新一代信息技术、新能源、新材料等高端产业和机器人、智能终端、新能源汽车等新兴产业。

（九）现代服务业

中小制造企业可进入现代服务业，通过提升市场意识和服务水平，从全方位满足客户需求中获得发展。在具体实施中，有条件的传统制造企业可积极向服务型制造企业发展，主动围绕客户需求开拓新的服务领域，以推动现代服务业上规模、上水平。

（十）互联网+商业模式

中小制造企业可积极推广互联网+商业模式，拓宽中小制造企业的销售渠道，提升对客户响应速度和响应质量，实现企业商业模式创新，全面提升与用户合作关系。在具体实施中，将在传统电子商务的基础上，积极构建基于移动互联、社交平台、大数据处理的新型互联网商业模式，实现线上销售与线下体验的有机融合，并利用跨境网络交易平台、跨境电商等渠道积极开拓海外市场。积极推广物联网技术研发应用，培育智能监测、全产业链追溯等工业互联网新应用。通过构建工业云服务和工业大数据平台，推动软件服务、设计制造资源、关键技术标准的开放共享。

（十一）产业链向上延伸

有条件的中小制造企业可以通过产业链向上延伸，走向产业链高端，提高产品的附加价值，提升企业的整体盈利能力。在具体实施中，企业可以通过从产品供应商向整体解决方案提供商转变，从提供局部服务向提供全程服务转变，从无差别服务向细节化个性化服务转变，实现产业链向上延伸。

（十二）产业融合

中小制造企业可以通过相关产业间的产业融合，改变企业较为单一的经营结构，通过多元化经营获取综合收益。在具体实施中，通过加强各产业板块之间的联动，建立产业联盟，可有效实现共享资源，降低运营成本，融合不同企业的价值链，最终实现企业运营中的价值增值。

（十三）产学研用一体化

通过走产学研用一体化道路，强化中小制造企业与各类智力支持机构的联系，形成协同创新合力，提升创新效率。在具体实施中，可以集聚国家、地区科研院所和高端研发机构力量，与企业联手打造产业技术研究院和创新战略联盟，加强应用基础与前沿技术研究。通过产学研用协同创新网络，推动带有共通性的技术研发和推广应用，形成创新资源集聚效应。

（十四）以大带小

通过建立大型制造企业与配套中小制造企业专业化协作体系，充分利用大型制造企业的龙头带动作用和专业化优势，带动集群内中小制造企业在特定领域发展，逐渐形成自身的特殊竞争优势。在具体实施中，可以由大型制造企业提供新型创业平台，开展各类创业孵化活动，形成市场主导、风险投资参与、企业孵化的创业生态。大型企业可以发挥在技术、人才、市场上的综合优势，在技术开发、生产工艺改造、营销等方面帮助中小制造企业，带动关联中小制造企业共同发展。

（十五）淘汰关停

通过淘汰关停，降低企业经营中对资源的浪费和环境的破坏，转变企业经营方向，使企业实现可持续发展。在具体实施中，中小制造企业应主动淘汰落后产能，高能耗、高污染、高排放、低效益、低产出企业应积极调整经营理念，对于环境污染严重、安全隐患突出的经营领域要坚决关停。

（十六）兼并重组

通过兼并重组，使实力较强的中小制造企业集中资源，提升资源配置整体效率，从而实现规模经济。在具体实施中，有条件的中小制造企业可以与经济效益不佳的企业进行整合，通过收购、合资、合作等方式重组，在短时期内增加自身实力，实现提质增速。

（十七）创业创新载体建设

通过创业创新载体建设，为中小制造企业创业兴业提供良好服务平台，降低创业兴业成本，提高日常运营效率。在具体实施中，可利用闲置厂房、楼宇，各类园区、产业集群、孵化基地等，开展中小制造企业创业创新基地建设。政府也应该培育一批中小制造企业创业创新示范基地，实现基地平台化、生态化有序发展。

（十八）高端引进

通过加快国外先进企业、先进技术的引进步伐，充分利用国际高端资源支持天津市中小制造企业发展，加快企业技术水平、创新能力提升步伐。在具体实施中，可通过建设中小制造企业中外合作区，吸引高端制造企业在园区落地，促进国外企业在天津设立研发机构，促进国外原创技术在天津孵化落地。

三、不同典型行业的中小制造企业转型升级路径

首先应该说明，上面提到的转型升级路径，并不存在对某种典型行业的中小制造企业的绝对适合或绝对不适合，企业可根据实际情况选择上述路径中的若干条路径进行转型升级。这里提到某种行业的中小制造企业适合采用某种转型升级路径，是根据第四章调查的天津市中小制造企业转型升级关键制约因素的差异性，分析对某种行业的中小制造企业来说，相对其他行业更适合采用某种转型升级路径。

（一）装备制造业

根据第四章调查，原始创新能力和与下游企业联盟关系在天津市中小装备制造业企业转型升级中的影响大于其他行业。因此，在天津市中小装备制造业企业转型升级路径选择中，更适合采用能够充分发挥企业原始创新能力、加强企业与下游企业联盟关系的路径。在企业转型升级中，两化融合、智能制造、专精特新、产业融合等都是比较适合的路径。同时，如果企业积累了足够的自主创新能力，也可以通过进入高端产业和战略新兴产业、产业链向

上延伸等路径实现企业价值增值。

（二）生物医药业

根据第四章调查，原始创新能力在天津市中小生物医药业企业转型升级中的影响在各行业中处于中等，消化吸收再创新能力在天津市中小生物医药业企业转型升级中的影响大于其他行业。因此，在天津市中小生物医药企业转型升级路径选择中，更适合采用引进技术工艺进行消化吸收后再创新的路径。在企业转型升级中，技术改造、产学研用一体化、以大带小、高端引进等都是比较适合的路径。

（三）石油化工业与交通运输业

根据第四章调查，这两个行业间的调查结果在各方面没有表现出明显差异。原始创新能力在这两个行业的天津市中小制造企业转型升级中的影响在各行业中与生物医药业一样处于中等，集成创新能力在这两个行业的天津市中小制造企业转型升级中影响与其他行业无显著差异，消化吸收再创新能力在这两个行业的天津市中小制造企业转型升级中影响也只弱于生物医药业和日用消费品业，而与其他行业无显著差异。

（四）能源材料业

根据第四章调查，原始创新能力和与下游企业联盟关系在天津市中小能源材料业企业转型升级中的影响大于其他行业。从这个角度来说，前文适合于装备制造业的转型升级路径同样适合于能源材料业。但是，该行业属于容易产生环境污染的行业，因此，在该行业中小制造企业转型升级中，淘汰关停和兼并重组是在采用其他路径转型升级时需要同时考虑的路径，企业往往是一边退出旧业态，一边进入新业态，所以是多种路径同时并行的。

（五）日用消费品业

根据第四章调查，原始创新能力在天津市中小日用消费品业企业转型升级中的影响小于其他行业，而消化吸收再创新能力、与下游企业联盟关系、企业对客户综合服务能力在天津市中小日用消费品业企业转型升级中的影响大于其他行业。因此，在天津市中小日用消费品业企业转型升级路径选择中，更适合采用能够充分发挥企业消化吸收再创新能力、加强企业与下游企业联盟关系，或者强化企业对客户综合服务能力的路径，而相对不太适合直接采用对企业原始创新能力要求较高的路径。

（六）信息技术业

根据第四章调查，原始创新能力、企业对客户综合服务能力在天津市中小信息技术业企业转型升级中的影响大于其他行业。从现实情况来看，该行业往往是知识更新速度较快而又与客户联系极其紧密，客户要求多样化同时变化较快的行业。因此，在天津市中小信息技术业企业转型升级路径选择中，更适合同时采用能够充分发挥企业原始创新能力及强化企业对客户综合服务能力的路径。在企业转型升级中，可以将两化融合、智能制造、专精特新等对原始创新能力要求相对较高的路径与现代服务业、互联网 + 商业模式等更强调企业对客户综合服务能力的路径相结合，以适应信息技术业的上述特点，更好地促进该类中小制造企业发展。另外，由于该类中小制造企业自主创新能力较强，同样可以通过进入高端产业和战略新兴产业、产业链向上延伸等路径实现企业价值增值。

上面就是对天津市不同典型行业中小制造企业转型升级路径的建议。在前面提到的十八种路径中，管理提升、制度完善、高端人才、创业创新载体建设等路径，在不同典型行业中小制造企业转型升级路径中所提及。这不是因为上述路径不重要，而是这些路径对各类天津市中小制造企业转型升级来说都同样有效，并且这些路径与第四章分析的天津市中小制造企业转型升级影响因素中的企业高管综合能力、企业文化氛围、企业管理制度方法、资源投入、政府政策都有关系，前面的研究结果也显示这些因素对各类企业转型升级的影响都同样重要。

第九章

结　论

第一节 研究得出的主要观点

本书通过对供给侧改革下天津中小制造企业转型升级路径进行研究，得到如下主要观点：

1. 发现了不同典型行业的天津市中小制造企业转型升级关键制约因素。我们通过对天津市中小制造企业转型升级的典型做法；全国其他区域中小制造企业转型升级典型做法；企业负责人访谈得到的信息进行综合归纳，提炼出包括企业原始创新能力；企业集成创新能力；企业消化吸收再创新能力；与上游企业联盟关系；同行业企业联盟关系；与下游企业联盟关系；企业对客户综合服务能力；企业高管综合能力；企业文化氛围；企业管理制度方法；资源投入；政府政策在内的 12 个天津市中小制造企业转型升级影响因素。而后对隶属于装备制造业、生物医药业、石油化工业、交通运输业、能源材料业、日用消费品业、信息技术业等 7 个典型行业的天津市中小制造企业进行了问卷调查，对问卷调查结果进行了统计差异分析，从中发现了不同典型行业的天津市中小制造企业转型升级关键制约因素。

2. 分析了对不同行业天津市中小制造企业转型升级的工作如何开展。其中包括如何提升企业自主创新能力；如何科学对企业高管定价；如何构建有助于激发与转型升级关系密切的员工积极性的企业文化。在提升企业自主创新能力方面，分别阐述了原始创新方式下、集成创新方式下、消化吸收再创新方式下企业自主创新能力提升对策。在科学对企业高管定价方面，从企业高管人力资本绝对定价模型和企业高管人力资本相对定价模型两个方面阐述了如何对企业高管定价。在构建有助于激发与转型升级关系密切的员工积极性的企业文化，根据与转型升级关系最为密切的知识员工成长的四个阶段，阐述了知识员工成长各阶段天津市中小制造企业文化构建策略。

3. 提出了天津市中小制造企业转型升级衡量标准与不同行业的天津市中小制造企业转型升级的具体路径。首先从产业价值链角度和市场宏微观主体衔接角度提出天津市中小制造企业转型升级衡量标准。而后依据提出的标准，结合供给侧改革的大背景，从内部后端、内部中端、内部前端、外部等方面提出了天津市中小制造企业转型升级总体思路，并据此总结出 18 条天津市中小制造企业转型升级路径。最后，根据不同典型行业的天津市中小制造企业转型升级关键制约因素分析结果，分别提出适合不同典型行业的天津市中小制造企业转型升级的具体路径。

第二节　研究局限性与研究展望

虽然本书对供给侧改革下天津市中小制造企业转型升级路径进行了系统研究，但还存在以下不足：

1. 没有对一些新兴行业的天津市中小制造企业转型升级路径进行分析。制造企业涉及的行业多种多样，随着天津市经济社会发展，新兴行业不断出现。本书只是选取了 7 类典型行业进行研究，没有对一些属于新兴行业的天津市中小制造企业转型升级路径展开研究。

2. 没有对不同地区同类行业中小制造企业转型升级路径进行对比分析。限于研究条件，本书没有进行天津市与国内其他代表性地区的同类行业中小制造企业转型升级路径对比研究，进而剖析不同地区的同类行业中小制造企业转型升级路径是不是存在差异。

3. 没有对天津市某个行业的中小制造企业转型升级路径进行系统研究。本书虽然提出了适合天津市不同行业的中小制造企业转型升级的具体路径，但并没有对某个具体行业的中小制造企业运用这些路径进行转型升级的内在机理进行深入研究。

因此，未来如果对中小制造企业转型升级路径进行扩展研究，可以从上述三个角度入手，研究新兴行业的中小制造企业转型升级路径、对不同地区同类行业中小制造企业转型升级路径开展区域性分析、研究某个行业的中小制造企业转型升级路径的内在机理。

参考文献

［1］吴家曦，李华燊．浙江省中小企业转型升级调查报告［J］．管理世界，2009（8）：1－5＋9.

［2］贺俊，徐金军．中小企业转型升级具有多重含义［J］．中国集体经济，2012（11）：28－30.

［3］唐海燕，程新章．企业升级的路径选择——以温州打火机企业为例［J］．科技管理研究，2006（12）：113－116.

［4］李烨，李传昭，陈升．不确定环境下企业战略性业务转型的一个决策链模型［J］．科技管理研究，2004（4）：87－90.

［5］李廉水，吴利华，徐彦武，等．公司跨行业转型：特征分析与风险控制——以中国上市公司跨行业转型成功与失败的典型个案为例［J］．管理世界，2004（1）：118－129.

［6］孙国民，彭艳玲，等．块状经济中小企业转型升级研究——以浙江省为例［J］．中国科技论坛，2014（1）：128－133.

［7］毛蕴诗，郑奇志．基于微笑曲线的企业升级路径选择模型——理论框架的构建与案例研究［J］．中山大学学报（社会科学版），2012，52（3）：162－174.

［8］余壮雄，米银霞．地区产业转型中的企业行为与资源错配［J］．中国工业经济，2018（6）：98－116.

［9］刘阳春，李健睿，金娅婷．基于产业链延伸的企业升级研究——针对国星光电的案例研究［J］．学术研究，2013（9）：74－82＋159.

［10］吴兆明．基于产业集群的江苏中小企业转型升级的策略研究［J］．科技管理研究，2013（22）：172－175.

［11］王朝阳，张雪兰，包慧娜．经济政策不确定性与企业资本结构动态

调整及稳杠杆 [J]. 中国工业经济，2018 (12)：134 -151.

[12] 孙亮，张琰．基于 B2B 模式创新的中小企业转型升级研究 [J]. 东南大学学报（哲学社会科学版），2014 (S2)：30 -32.

[13] 汤临佳，池仁勇，骆秀娟．中小企业创新政策前沿 [J]. 科学学与科学技术管理．2013 (8)：138 -147

[14] 尹虹潘．中国工业化水平的重新测度 [J]. 经济学家，2019 (3)：35 -42.

[15] 陈亮．中小企业转型升级的动力研究——迈过“中等收入陷阱”的选择路径 [J]. 当代经济研究，2011 (6)：55 -59.

[16] 石清岚，等．温州中小企业经营转型中的政府角色研究 [J]. 经济研究导刊，2013 (1)：31 -35.

[17] 赵惠敏．税收治理现代化的逻辑与演进 [J]. 当代经济研究，2018 (1)：77 -82.

[18] 黄阳华，罗仲伟．我国劳动密集型中小企业转型升级融资支持研究——最优金融结构的视角 [J]. 经济管理，2014 (11)：1 -13.

[19] [荷] G. 霍夫斯坦德．跨越合作的障碍——多元文化与管理 [M]. 尹毅夫，陈龙，王小登．译．北京：中国科学出版社，1996.

[20] Anna - Luisa Müller. Business transformation towards sustainability [J]. Business Research，2014，7 (2)：313 -350.

[21] Cynthia A. Lengnick - Hall，Tammy E. Beck. Adaptive fit versus robust transformation：How organizations respond to environmental change [J]. Journal of Management，2005 (31)：738 -757.

[22] Porter. The competitive advantage of nations [M]. London：Macmillan，1990.

[23] Poon T，Shuk - Ching. Beyond the global production networks：a case of Further upgrading of Taiwan information technology industry [J]. International Journal of Technology and Globalization，2004 (1)：130 -144.

[24] Gereffi. International trade and industrial upgrading in the apparel commodity chain [J]. Journal of International Economics，1999 (48)：37 -70.

[25] John Humphrey, Hubert Schmitz. Chain Governance and Upgrading: Linking Industrial Cluster and Global Value Chain Research [J]. IDS Working Paper, University of Sussex, Brighton: Institute of Development Studies, 2000.

[26] John Humphrey, Hubert Schmitz. How Does Insertion in Global Value Chains Affect Upgrading in Industrial Clusters? [J]. Regional Studies, 2002 (9): 1017 - 1027.

[27] Peighambari, Arman. Success factors for upgrading and innovation in the electronics industry: an analysis of private small and medium - sized enterprises in the Pearl River Deta [J]. International Journal of Technology Management, 2014 (65): 49 - 69.

[28] Bair. J. Globalcapitalsm and commodity chains: Looking back, going forward [J]. Competition and Change, 2005 (9): 153 - 180.

[29] Magdolnasass, Andrea Szalavetz. Crisis and Upgrading: The Case of the Hungarian Automotive and Electronics Sectors [A]. Europe - Asia Studies, 2013 (65): 489 - 507.

[30] Langviniene, Sekliuckiene. Transformation of International Business Serves Industry in Lithuania [A]. Economics & Management, 2013 (18): 286 - 295.

[31] RaymundB. Habaradas. SME Development and Technology Upgrading in Malaysia: Lessons for the Philippines [J]. Journal of International Business Research, 2008 (7).

[32] Gerald, Rafael A. GregoryKruse. Public - Private Institutions as Catalysts of Upgrading in Emerging Market Societies [J]. The Academy of Management Journal, 2009 (52): 1270 - 1296.

[33] Acs ZJ, SzerbL. Entrepreneurship, economic growth and public policy [J]. Small Business Economics, 2007: 109 - 122.

附录一　天津市中小制造企业转型升级影响因素调查问卷

本调查旨在研究天津市中小制造企业转型升级影响因素对不同企业转型升级影响的重要程度。问卷采取匿名填写方式进行，所有的题目均无所谓对错，请您根据实际情况，认真、如实填写问卷。我们承诺为您的回答保密，所有结果仅做学术研究所用，请不要有任何顾虑。我们谨向您的大力配合表示衷心感谢！

第一部分：请填写您企业的主营业务。

企业主营业务为__________________________________

第二部分：请根据您的实际感受，就下列因素对您企业转型升级实际影响重要程度进行打分，打分分为5个档次，5分、4分、3分、2分、1分分别代表很重要、比较重要、一般重要、不太重要、不重要。请您将每个因素对应的评分填在该因素之后的括号内。

1. 企业原始创新能力　（　　）
2. 企业集成创新能力　（　　）
3. 企业消化吸收再创新能力　（　　）
4. 与上游企业联盟关系　（　　）
5. 同行业企业联盟关系　（　　）
6. 与下游企业联盟关系　（　　）
7. 企业对客户综合服务能力　（　　）
8. 企业高管综合能力　（　　）
9. 企业文化氛围　（　　）
10. 企业管理制度方法　（　　）
11. 资源投入　（　　）
12. 政府政策　（　　）

附录二　企业高管人力资本价值评估问卷

首先非常感谢您在百忙之中抽出时间填写此调查问卷。本次研究旨在调查下述各项指标对构成企业高层管理人员人力资本价值的重要程度，请您根据自身实际体会，对各项指标的重要程度进行评分。

说明：将各项指标的重要程度分为不重要、不太重要、一般重要、比较重要、重要五级，分别评分为1、2、3、4、5，当指标重要程度介于两相邻等级之间时，相应评分为1.5、2.5、3.5、4.5，请在各项指标对应的具体分值处打“√”。

具体评估指标	重要程度评分								
责任感	1	1.5	2	2.5	3	3.5	4	4.5	5
进取精神	1	1.5	2	2.5	3	3.5	4	4.5	5
毅力	1	1.5	2	2.5	3	3.5	4	4.5	5
个人工作成果	1	1.5	2	2.5	3	3.5	4	4.5	5
诚信精神	1	1.5	2	2.5	3	3.5	4	4.5	5
个人声誉	1	1.5	2	2.5	3	3.5	4	4.5	5
团队建设效果	1	1.5	2	2.5	3	3.5	4	4.5	5
协调能力	1	1.5	2	2.5	3	3.5	4	4.5	5
沟通能力	1	1.5	2	2.5	3	3.5	4	4.5	5
激励能力	1	1.5	2	2.5	3	3.5	4	4.5	5
知识储备	1	1.5	2	2.5	3	3.5	4	4.5	5
人际交往	1	1.5	2	2.5	3	3.5	4	4.5	5
个人健康	1	1.5	2	2.5	3	3.5	4	4.5	5
洞察力	1	1.5	2	2.5	3	3.5	4	4.5	5
学习能力	1	1.5	2	2.5	3	3.5	4	4.5	5
应变能力	1	1.5	2	2.5	3	3.5	4	4.5	5
风险承受能力	1	1.5	2	2.5	3	3.5	4	4.5	5

续表

具体评估指标	重要程度评分								
创新能力	1	1.5	2	2.5	3	3.5	4	4.5	5
指挥能力	1	1.5	2	2.5	3	3.5	4	4.5	5
规划能力	1	1.5	2	2.5	3	3.5	4	4.5	5
决策能力	1	1.5	2	2.5	3	3.5	4	4.5	5
判断能力	1	1.5	2	2.5	3	3.5	4	4.5	5
从业经验	1	1.5	2	2.5	3	3.5	4	4.5	5

附录三　天津市中小制造企业知识员工成长各阶段企业文化影响要素调查问卷

本调查旨在研究天津市中小制造企业知识员工成长各阶段的企业文化影响要素。问卷采取匿名填写方式进行，所有的题目均无所谓对错，请您根据个人实际情况，认真、如实填写问卷。我们承诺为您的回答保密，所有结果仅做学术研究所用，请不要有任何顾虑。我们谨向您的大力配合表示衷心感谢!

第一部分：请按照如下释义判断您所属的知识员工成长阶段，并联系您目前的实际状况在对应阶段的括号内打"√"。

职业进入阶段：知识员工尚不完全清楚组织的基本规则和具体工作过程，工作能力差，组织地位较低的阶段，如刚入职的员工。

职业发展阶段：知识员工大体掌握组织的基本规则和具体工作过程，工作能力逐渐提高但未充分发挥，组织地位有所提升但预计未来还有升职空间的阶段，如入职一段时间还处于事业发展期的员工。

职业稳定阶段：知识员工非常熟悉组织的基本规则和具体工作过程，工作能力已充分发挥，组织地位提高到一定程度后难有后续升职空间的阶段，如已成为企业中高层领导或在相应部门担任关键角色的员工。

职业衰退阶段：知识员工成为组织资深员工，在目前的工作岗位上工作能力逐渐下降，预计在组织的职业角色可能发生弱化的阶段，如即将退休的员工。

职业进入阶段（　　）职业发展阶段（　　）职业稳定阶段（　　）职业衰退阶段（　　）

第二部分：请您在下列企业文化要素中选出10项您最关注的要素，在对应要素的括号内打"√"。

1. 长远规划：企业提出明确的使命、战略、愿景等　　（　　）
2. 目标清晰：企业有明确的各阶段发展目标　　（　　）

3. 价值认同：企业有鲜明的价值观并得到员工的认同 （ ）
4. 公平公正：企业有公平公正的企业精神 （ ）
5. 善于授权：企业在领导体制中善于放权给下属 （ ）
6. 决策民主：企业有民主科学的决策机制 （ ）
7. 责任清晰：企业明确每个员工的工作责任 （ ）
8. 管理完善：企业有完善的规章制度和管理体系 （ ）
9. 晋升科学：企业有科学完备的晋升机制 （ ）
10. 激励科学：企业有科学完备的激励机制 （ ）
11. 考核科学：企业有科学完备的考核机制 （ ）
12. 培训科学：企业有科学完备的培训机制 （ ）
13. 以身作则：领导日常行为为下属树立榜样 （ ）
14. 团结协作：部门间、员工间相处融洽，精诚合作 （ ）
15. 指导帮助：工作中能从其他员工获得提示和协助 （ ）
16. 企业形象：企业在社会上有良好的正面形象 （ ）
17. 工作环境：企业工作环境条件较舒适 （ ）
18. 薪酬福利：企业为员工提供良好的薪酬福利待遇 （ ）
19. 工作认同：工作成绩获得其他员工的认可和尊重 （ ）
20. 文化活动：企业或部门举办的与企业文化推广有关的活动 （ ）

附录四　知识员工成长各阶段天津市中小制造企业文化要素现状调查问卷

本调查旨在研究天津市中小制造企业知识员工成长各阶段的企业文化影响要素实际状况。问卷采取匿名填写方式进行，所有的题目均无所谓对错，请您根据个人实际情况，认真、如实填写问卷。我们承诺为您的回答保密，所有结果仅做学术研究所用，请不要有任何顾虑。我们谨向您的大力配合表示衷心感谢！

第一部分：请按照如下释义判断您所属的知识员工成长阶段，联系您目前的实际状况在对应阶段的括号内打“√”。同时填写您的性别、学历（大学的话需区别本专科）、从事工作（填写具体职位名称）。

职业进入阶段：知识员工尚不完全清楚组织的基本规则和具体工作过程，工作能力差，组织地位较低的阶段，如刚入职的员工。

职业发展阶段：知识员工大体掌握组织的基本规则和具体工作过程，工作能力逐渐提高但未充分发挥，组织地位有所提升但预计未来还有升职空间的阶段，如入职一段时间还处于事业发展期的员工。

职业稳定阶段：知识员工非常熟悉组织的基本规则和具体工作过程，工作能力已充分发挥，组织地位提高到一定程度后难有后续升职空间的阶段，如已成为企业中高层领导或在相应部门担任关键角色的员工。

职业衰退阶段：知识员工成为组织资深员工，在目前的工作岗位上工作能力逐渐下降，预计在组织的职业角色可能发生弱化的阶段，如即将退休的员工。

职业进入阶段（　　）职业发展阶段（　　）职业稳定阶段（　　）职业衰退阶段（　　）

性别________　　学历________　　从事工作________________

第二部分：请根据您的实际感受，对本企业下列文化要素实际状况进行打分。分数可打 1 分、2 分、3 分、4 分、5 分中的任何一个，将每个要素对应的评分填在该要素之后的括号内。各分数含义如下：

1 分：很差　2 分：较差　3 分：一般　4 分：较好　5 分：很好

一、下列要素所有知识员工必填

1. 薪酬福利：企业为员工提供良好的薪酬福利待遇（　）
2. 激励科学：企业有科学完备的激励机制（　）
3. 工作认同：工作成绩获得其他员工的认可和尊重（　）
4. 公平公正：企业有公平公正的企业精神（　）

二、下列要素属于职业进入阶段的知识员工填写

1. 晋升科学：企业有科学完备的晋升机制（　）
2. 培训科学：企业有科学完备的培训机制（　）
3. 指导帮助：工作中能从其他员工获得提示和协助（　）
4. 价值认同：企业有鲜明的价值观并得到员工的认同（　）
5. 企业形象：企业在社会上有良好的正面形象（　）
6. 团结协作：部门间、员工间相处融洽，精诚合作（　）

三、下列要素属于职业发展阶段的知识员工填写

1. 晋升科学：企业有科学完备的晋升机制（　）
2. 善于授权：企业在领导体制中善于放权给下属（　）
3. 责任清晰：企业明确每个员工的工作责任（　）
4. 考核科学：企业有科学完备的考核机制（　）
5. 决策民主：企业有民主科学的决策机制（　）
6. 管理完善：企业有完善的规章制度和管理体系（　）

四、下列要素属于职业稳定阶段的知识员工填写

1. 善于授权：企业在领导体制中善于放权给下属（　）
2. 长远规划：企业提出明确的使命、战略、愿景等（　）
3. 团结协作：部门间、员工间相处融洽，精诚合作（　）
4. 价值认同：企业有鲜明的价值观并得到员工的认同（　）
5. 目标清晰：企业有明确的各阶段发展目标（　）

6. 文化活动：企业或部门举办的与企业文化推广有关的活动 （　　）

五、下列要素属于职业衰退阶段的知识员工填写

1. 团结协作：部门间、员工间相处融洽，精诚合作 （　　）
2. 培训科学：企业有科学完备的培训机制 （　　）
3. 指导帮助：工作中能从其他员工获得提示和协助 （　　）
4. 价值认同：企业有鲜明的价值观并得到员工的认同 （　　）
5. 文化活动：企业或部门举办的与企业文化推广有关的活动 （　　）
6. 以身作则：领导日常行为为下属树立榜样 （　　）